"Este livro é um presente notável para qualquer pessoa que deseje transformar pequenas apostas em grandes vitórias. Scott Anthony compartilha o que ele faz melhor que ninguém – combinar as melhores ferramentas de pesquisa sobre inovação, sua experiência de consultoria e inspiração em um único livro."

– Peter Sims, autor de *Little Bets: How Breakthrough Ideas Emerge from Small Discoveries*

"O trabalho com Scott Anthony e a Innosight mostrou-nos como transformar nossa organização e aproveitar as oportunidades futuras. Este livro fornece um guia para transformar planos em realidade. Leitura obrigatória para leitores de todas as áreas."

– Gerry Ablaza, CEO e presidente, Manila Water Company

"Scott Anthony conseguiu novamente. Refletindo sua experiência única como consultor, aluno e profissional da inovação, este livro é um guia prático e valioso que o ajudará a melhorar significativamente seu rendimento em inovação."

– Bruce Brown, diretor de tecnologia aposentado, Procter & Gamble

"Se você alguma vez já deixou uma reunião de *brainstorming* frustrado pela falta de aplicação e se perguntando por que parece tão difícil implementar boas novas ideias, ou já viu projetos promissores definharem, compre este livro. Ele transformará sua abordagem sobre inovação e aumentará a eficiência de suas novas ideias."

– Rita Gunther McGrath, professora, Columbia Business School; autora de *The End of Competitive Advantage*

"Há tantas surpresas que podem eliminar novos empreendimentos promissores, e Scott Anthony conhece todas elas. Com seu estilo cativante, ele oferece estratégias para superar os obstáculos iniciais e acelerar através desse importante estágio da inovação. Um companheiro essencial para a jornada de qualquer inovador."

– Keyne Monson, vice-presidente, Desenvolvimento de Mercados Internacionais, Baxter Healthcare

"Divertido, trabalhoso, real. A vida no limite inclui cair e aprender com isso. Este livro captura a essência desse conceito com recomendações sobre como aprender mais com os tombos."

– Karl P. Ronn, diretor-presidente, Innovation Portfolio Partners

Scott D. Anthony

INOVAÇÃO
Do Planejamento à Ação

{ Manual prático para a introdução e lançamento de grandes ideias no mercado }

m.Books

M.Books do Brasil Editora Ltda.

Rua Jorge Americano, 61 - Alto da Lapa
05083-130 - São Paulo - SP - Telefones: (11) 3645-0409/(11) 3645-0410
Fax: (11) 3832-0335 - e-mail: vendas@mbooks.com.br
www.mbooks.com.br

Dados de Catalogação na Publicação

Anthony, Scott D.

Inovação do Planejamento à Ação / Scott D. Anthony.

2016 – São Paulo – M.Books do Brasil Editora Ltda.

ISBN: 978-85-7680-281-5

1. Inovação   2. Criatividade   3. Economia Criativa

Do original em inglês: The First Mile
Publicado originalmente por Harvard Business Review Press

©2014 Harvard Business School Publishing
©2016 M.Books do Brasil Editora Ltda.

Editor: Milton Mira de Assumpção Filho
Tradução: Celso R. Paschoal
Produção: Lucimara Leal
Editoração: Crontec
Capa: Isadora Mira

2016

M.Books do Brasil Editora Ltda.
Todos os direitos reservados.
Proibida a reprodução total ou parcial.
Os infratores serão punidos na forma da lei.

*Para Joanne, Charlie, Holly e Harry, por
continuamente fazerem a próxima etapa
mais divertida que a anterior.*

SUMÁRIO

PREFÁCIO

A Promessa e os Riscos dos Primeiros Passos da Inovação 11

CAPÍTULO 1

O Problema dos Primeiros Passos 17

O Método Científico e a Incerteza Estratégica 23

Guia dos Primeiros Passos 28

P A R T E I

Kit de Ferramentas dos Primeiros Passos   33

CAPÍTULO 2

Documentar seu Planejamento 35

Um Ponto de Partida: A Trindade dos Primeiros Passos 36

A Próxima Etapa: Vinte e Sete Questões de Inovação 37

    Cliente-Alvo 37

    Principais Interessados 38

    Ideia 38

    Aspectos Econômicos 38

    Trajetória Da Comercialização 38

    Operações 39

    Equipe 39

    O Financiamento 39

Ferramentas de Captura 40

Quatro Sinais de Alerta 46

INOVAÇÃO DO PLANEJAMENTO À AÇÃO

1. Confundir conceito e negócio 46
2. Focar Apenas no Início ou no Fim 46
3. Olhar pela Perspectiva de um Único Grupo de Interesse 47
4. Tocar a Mente, mas não o Coração............................... 48

CAPÍTULO 3

Avaliar..**51**

Análise Baseada em Padrões 53

Análise Financeira 56

1. Calcule os 4 Ps de sua Ideia 59
2. Crie uma Tabela de Pontos de Sensibilidade com Duas Variáveis 61
3. Elabore um Demonstrativo Financeiro Reverso..................... 62
4. Crie uma Simulação... 64

Encenação.. 68

CAPÍTULO 4

Focar **71**

Como Priorizar Incertezas 73

Avaliando a Confiança 73

Há Demanda?... 75

Você Consegue Entregar? 76

Isso Gera Valor? 77

Avaliando o Impacto 79

Chaves para o Sucesso 82

CAPÍTULO 5

Testar, Aprender e Ajustar.. **85**

1. Mantenha Equipes Pequenas e Focadas 86
2. Desenhe os Testes Cuidadosamente............................. 89
3. Procure Aprender no Mercado 91
4. Maximize a Flexibilidade 92
5. Aprecie as Surpresas... 95
6. Empreenda Ações com Base no Aprendizado..................... 97

Design Experimental Aplicado à AsiaCom 98

SUMÁRIO

CAPÍTULO 6

Manual de Teste..**103**

Se Você Tiver Horas.. 105

   1. Conduza Pesquisa Documental ou Investigativa...................... 105

   2. Faça um Experimento Reflexivo...................................... 110

   3. Crie um Modelo Conciso dos 4 Ps.................................. 112

   4. Faça um telefonema 112

   5. Detalhe uma Transação 113

   6. Desenvolva um Protótipo MacGyver 114

   7. Converse com Potenciais Clientes 115

   8. Elabore um Demonstrativo Financeiro Reverso..................... 117

Se Você Tiver Dias ou Semanas... 118

   9. Faça um Teste Dirigido de Viabilidade 118

   10. Construa um Modelo Financeiro Detalhado 120

   11. Faça um Protótipo da Experiência de Compra 120

Se Você Tiver Meses... 123

   12. Faça um Protótipo do Modelo de Negócio 124

   13. Faça um Teste de Utilização com Base Pequena..................... 128

   14. Faça um Piloto Operacional.. 129

RESUMO DA PARTE I

Lista de Preparação para os Primeiros Passos **133**

PARTE II

Superando os Desafios dos Primeiros Passos   137

CAPÍTULO 7

Superando os Quatro Primeiros Desafios dos Primeiros Passos **139**

Desafio 1: Pegar um Caminho Errado.................................... 141

Desafio 2: Ficar Sem Combustível 143

Desafio 3: Selecionar o Condutor Errado 148

   Empatia e o Problema dos Milhares de Macacos 148

   Descobrindo Talentos Amigáveis aos Primeiros Passos 152

Desafio 4: Perder o Controle 155

   Afirmar Firmemente o "Uau!" antes de o "Como?" 155

   Não Esqueça as Finanças.. 157

INOVAÇÃO DO PLANEJAMENTO À AÇÃO

CAPÍTULO 8

Sistemas de Suporte à Experimentação Estratégica **163**
1. Sistemas de Tomada de Decisão que Atravessam a "Neblina da Inovação" 164
2. Sistemas de Premiação que Estimulam Assumir Inteligentemente Riscos e Não Penalizar Excessivamente Falhas 169
3. Mecanismos de Descontinuidade de Projetos que Eliminam a Praga dos "Projetos Zumbis". 172
4. Sistemas que Fomentam Conexões com Especialistas Externos, Clientes e Funcionários 177
    1. Conexões com Especialistas Externos 177
    2. Conexões com Clientes 178
    3. Conexões com Funcionários 179
Sistemas Amigáveis aos Primeiros Passos na Prática 180

CAPÍTULO 9

Liderando nos Primeiros Passos **185**
1. Busque o Caos 187
2. Diversifique sua Equipe de Inovações 189
3. Adquira novas Competências 191

Reflexões Finais **195**

APÊNDICE A

Ferramenta de Avaliação da Innosight Ventures **197**
Avaliação da ideia 197
Avaliação da equipe de gestão 199
Trajetória para os lucros 200

APÊNDICE B

Tendências Cognitivas e os Primeiros Passos **201**

Notas **204**
Referências **213**
Agradecimentos **216**
Sobre o Autor **219**
Índice **220**

PREFÁCIO

A Promessa e os Riscos dos Primeiros Passos da Inovação

Era junho de 2009. Eu estava em uma cabine em Bangalore, a capital de TI da Índia, uma metrópole em expansão com cerca de 10 milhões de pessoas. Um estranho, que não falava inglês, pressionava uma navalha afiada contra o meu pescoço, e eu estava me divertindo com isso.

Vivenciava o que denomino de *primeiros passos da inovação*, em que é possível empreender aquelas preciosas etapas iniciais, de modo a traduzir uma ideia ainda no papel em um verdadeiro bom negócio.

Os primeiros passos são uma etapa muito estimulante.

Eu estava em Bangalore como parte de uma visita de campo para determinar se fazia sentido estratégico deixar minhas responsabilidades como consultor da Innosight para administrar seu nascente fundo de investimento em novas empresas e seu braço de incubação. Esse braço fora estabelecido alguns anos antes por Brad Gambill, que tinha apostado uma pequena quantia de investimento externo em um interessante portfólio de empresas incubadas em Cingapura, Índia e nos Estados Unidos, e em um fundo de investimento de capital de risco em Cingapura graças a um acordo recente com o governo, que fornecia alavancagem significativa. Em abril de 2009, Gambill anunciou os planos de deixar a Innosight para se tornar o diretor-executivo de estratégia da LG Electronics.

INOVAÇÃO DO PLANEJAMENTO À AÇÃO

A empresa que eu visitei explorava a atividade de higiene, beleza e estética voltada ao público masculino e era incubada pela equipe de Gambill sob o nome Razor Rave. Havia muitas razões para eu gostar do negócio. O mercado de barbearias na Índia era desorganizado e tinha algumas lacunas claras sob a perspectiva dos clientes. Havia salões modernos maravilhosos que atendiam os clientes abastados, mas eram excessivamente caros para o mercado de massa. Soluções mais acessíveis incluíam alternativas não particularmente agradáveis, tais como cadeiras de barbeiros nas calçadas ou barbearias encardidas.

Um teste criativo, de baixo custo, realizado em 2008 – um caminhão alugado contendo uma cadeira de barbeiro na traseira – aumentou a confiança de que o conceito ecoava com os clientes potenciais. A próxima questão era se a Razor Rave conseguiria oferecer um serviço atraente em larga escala. Assim, a equipe (com um pequeno suporte de um investidor externo) gastou $ 75 mil para executar um piloto da ideia. Foram construídos três quiosques, cada um com uma cadeira de barbeiro, e instalados em Bangalore, com o monitoramento cuidadoso de seus progressos.

Apresento a seguir os apontamentos básicos de minha visita de campo:

> Visitei o quiosque da Razor Rave em Bangalore. Um jovem consumidor tinha acabado de cortar o cabelo. Conversei com ele após o corte e ele disse que estava de passagem e ficou intrigado com o quiosque. Disse, ainda, que o serviço era oferecido a um valor justo e que retornaria e o recomendaria. Um de seus amigos também tinha cortado o cabelo recentemente; eu fiz a barba, lavei o cabelo e recebi a aplicação de uma loção pós-barba. O procedimento de dez minutos custou 35 rúpias ($ 0,75) e fora uma experiência agradável. O barbeiro, que claramente não falava inglês, estava bem arrumado. O procedimento pareceu muito higiênico, e o interior da cabine era

A Promessa e os Riscos dos Primeiros Passos da Inovação

atrativo. Eu, pessoalmente, utilizaria o serviço de novo, embora tivesse de admitir que os primeiros dois minutos em que um estranho empunhava uma navalha contra a minha garganta fossem um tanto tensos.

O resumo de meu relatório apontava que a Razor Rave tinha potencial, mas exigia muito mais trabalho:

> Esta é uma ideia intrigante, mas distante de um negócio. A equipe está realizando vários experimentos que abordam localização, serviço, ambiente etc. As duas questões críticas são criar um modelo que estimule uma atividade de alta recorrência e que atraia, desenvolva e retenha grandes proprietários de franquias. Esses dois desafios estão claramente inter-relacionados, e penso que há um conceito muito interessante envolvido, e que um investimento extra poderia conduzir o empreendimento ao próximo nível.

Em julho de 2009, intrigado pelo que vi e ávido por uma experiência diferente, oficialmente me transferi para capitanear a Innosight Ventures, e me mudei para Cingapura. Trabalhei estreitamente com a equipe da Razor Rave para avançar na ideia. Em janeiro de 2010, enviei o seguinte e-mail a um de meus colegas, resumindo meu entusiasmo sobre o negócio.

> Os indianos têm muito cabelo, e na Índia há uma real lacuna no mercado de higiene e beleza masculina.
>
> Há uma empresa americana com ações na bolsa que franqueia salões e barbearias (controladora da Supercuts), com uma capitalização de mercado de 1 bilhão de dólares.
>
> No ano anterior, a Gillette comprou a The Art of Shaving, demonstrando um interesse no ramo de serviços.

INOVAÇÃO DO PLANEJAMENTO À AÇÃO

Apesar de meu otimismo, a realidade era que o negócio estava com dificuldades. Refletindo melhor, o conceito que estávamos desenvolvendo apresentava um erro fundamental em seu modelo econômico: a cadeira individual. No papel, as baixas despesas fixas do quiosque faziam sentido, pois poderíamos igualar as receitas com as despesas atendendo apenas uma dezena de clientes ao dia, além de poder criar milhares de franquias da Razor Rave, Índia afora. No entanto, a realidade era que um modelo com cadeira única poderia gerar suficiente volume apenas com um ótimo barbeiro que consolidasse uma clientela leal e uma sucessão de cortes pela propaganda boca a boca. Quando o barbeiro reconhecesse que era o melhor entre os profissionais, ele exigiria salários mais altos ou simplesmente abandonaria o trabalho, mudando para outra barbearia. E o modelo de negócio não conseguiria suportar os salários exigidos por um ótimo barbeiro. O eventual problema do ótimo barbeiro afundaria o negócio. Em abril de 2010 – menos de quatro meses após o envio desse e-mail – encerramos as atividades da Razor Rave para focar em outras iniciativas.

Os primeiros passos são uma etapa perigosa.

Armadilhas ocultas espreitam os empreendedores, e obstáculos aparentemente intermináveis desaceleram os inovadores em companhias de grande porte. É fácil cometer um movimento errado na trajetória até a combinação mágica entre uma demanda ávida dos clientes, uma solução irresistível e um modelo econômico poderoso. Criar novos produtos sempre leva mais tempo e sempre custa mais caro do que se pensa, levando ao risco de ficar sem combustível. Você pode contratar o implantador errado, confundindo a paixão pessoal de um inovador pelo comprometimento e competência requeridos para o sucesso. Quando as coisas começam a dar certo, você corre o risco de acelerar demais, provocando uma perda de controle fatal. A situação ainda é pior em uma empresa de grande porte, em que é fácil se perder em meio à densa neblina através da qual você estuda e analisa continuamente, jamais fazendo um progresso específico.

A Promessa e os Riscos dos Primeiros Passos da Inovação

Esses desafios podem ser superados. As páginas a seguir oferecem um manual prático para dar os primeiros passos da inovação e descrevem como implantá-la diante de alguns dos maiores desafios dessa etapa. Vamos começar avaliando a importância crítica dos passos iniciais.

CAPÍTULO 1

O Problema dos Primeiros Passos

Praticamente toda empresa bem-sucedida persegue o sucesso por meio de um processo – intencional ou acidental – de tentativa e erro, que mostra uma abordagem vitoriosa. O estudo de caso de qualquer história inovadora de sucesso revela pouca semelhança entre o ponto de partida e o final, com mudanças e reviravoltas interessantes ao longo da trajetória.

Considere a Innosight. A primeira estratégia da empresa não era na área de consultoria e sim em publicações de boletins informativos. A sua próxima estratégia também não era na área de consultoria – mas o desenvolvimento de um software para que as pessoas aprendessem a lidar melhor com a inovação. Os clientes não conseguiram materializar a ideia, e a Innosight praticamente ficou sem caixa. No entanto, a equipe persistiu, e se convenceu de que trazer previsibilidade às inovações era um problema que valia a pena resolver – ainda que o modelo inicial de negócio não fosse completamente correto. Por causa da necessidade, a empresa começou a gerir workshops de treinamento e a executar pequenos projetos de consultoria para corporações. Em 2003, fiz um trabalho *freelance* para a empresa, unindo-me oficialmente a ela no mês de agosto. Em 2007 – seguindo um modelo de negócio que praticamente não tinha qualquer relação com o original – as receitas ultrapassaram a casa dos 10 milhões de dólares. Nos próximos cinco anos, as receitas pratica-

INOVAÇÃO DO PLANEJAMENTO À AÇÃO

mente triplicariam. A Innosight cresceu de uma dezena de funcionários em Woburn, Massachussetts, para uma empresa com 75 funcionários e presença em três continentes.

Como o grande filósofo, ator e ocasional lutador de boxe Mike Tyson certa vez gracejou: "Todas as pessoas têm um plano até receber um soco na cara". Todos os inovadores tomam socos; aqueles que obtêm sucesso descobrem como revidar.

Por exemplo, alguns anos atrás, dois empreendedores fundaram uma empresa denominada Odeo, para ajudar os usuários a criar e organizar *podcasts*. O notável investidor, especializado em capital de risco, Charles River Ventures financiou a empresa. Um dos fundadores adquiriu a maior parte das ações dos investidores, formando uma nova empresa denominada Obvious, que adquiriu a Odeo e decidiu comercializar um serviço interno do qual a equipe tinha feito vários protótipos para melhorar a comunicação interna. Sete anos depois, esse serviço – o Twitter – tinha centenas de milhões de usuários, gerando uma receita anual de mais de 500 milhões de dólares, e valia cerca de 25 bilhões de dólares após seu primeiro dia de IPO, como empresa registrada em bolsa em novembro de 2013.

O trabalho da Innosight de consolidar seu próprio negócio, assessorando algumas das principais multinacionais na criação de atividades de crescimento inovadoras, e investindo em incubar *startups*, serve como o conjunto de experiências a partir do qual este livro oferece a solução para um problema crítico: criar com sucesso empresas inovadoras (veja o quadro a seguir).

É provável que muitos admitam que isso é um problema, mas qual é sua causa? Os executivos frequentemente reclamam da falta de ideias de qualidade, particularmente as "grandes ideias". Para resolver o problema percebido, os líderes podem efetuar uma competição de geração de ideias por toda a corporação, investir em pesquisas de mercado detalhadas, trabalhar com uma agência especializada em pensar "fora dos padrões" ou contratar alguém com a credibilidade obtida por trabalhar para a melhor empresa inovadora do momento.

DEFINIÇÃO DE INOVAÇÃO

Inovação, de acordo com este livro, indica *algo diferente que cria valor*. A geração de valor distingue a inovação de seus típicos precursores: invenção ou criatividade. Esses são ingredientes importantes, mas até que uma ideia aumente significativamente as receitas, gere lucros, melhore o desempenho de um processo, forneça um benefício social ou resolva um problema pessoal, ela não é qualificada como inovadora. A expressão "algo diferente" é intencionalmente vaga. Uma das principais ideias erradas sobre inovação é que ela depende do trabalho de um grupo seleto de pessoas – normalmente cientistas com seus aventais brancos labutando em um laboratório, trabalhando em uma tecnologia revolucionária. Esse é um modo de inovar, mas a inovação pode envolver uma nova abordagem de marketing, um diferente modelo de preços, um novo modo de organizar uma equipe ou mesmo uma nova forma de gerenciar uma reunião semanal. Há vários modos de inovar que vão além das revoluções tecnológicas. A Inovação não é o trabalho de poucos; ela é o trabalho de muitos.

Essas podem ser medidas úteis para se tomar. Mas, na maior parte dos casos, elas não resolvem os verdadeiros problemas que inibem a capacidade de gerar crescimento. Considere o caso de uma operadora de saúde que gasta milhões de dólares trabalhando com uma empresa de consultoria externa para formular um concurso de ideias por toda a

INOVAÇÃO DO PLANEJAMENTO À AÇÃO

empresa.[1] Passados dois anos, eis como o boletim corporativo descreveu a iniciativa:[2]

> Para acender uma fogueira, tudo o que precisamos é uma centelha. Essa centelha é exatamente o que foi produzido no Ideapalooza, realizado em setembro de 2009. Nossos funcionários de todas as partes do mundo se reuniram online para compartilhar e gerar novas ideias para a empresa. Foram apresentadas mais de mil ideias que, por fim, estimularam a criação de quatro equipes internas, que formataram essas ideias em novos negócios poderosos.

Parece estimulante, não é mesmo? Mas o que essas equipes efetivamente conseguiram? Vejamos.

> Após um ano e meio, a fogueira continua acesa. Embora não criássemos diretamente os novos negócios propostos pelas equipes do Ideapalooza, os planos de negócios contribuíram para investimentos fora de nossa atividade central. Continue a leitura para conhecer os novos e estimulantes meios usados para expandir o nosso negócio e abrir novas vias de crescimento.

Traduzindo da linguagem corporativa: "Nós não fizemos nada com as ideias, mas obrigado pelas tentativas!". Não causa surpresa os funcionários frequentemente reagirem com ceticismo quando seus líderes anunciam a última iniciativa inovadora do dia.

Não quer dizer exatamente que as ideias não dão certo. Mesmo aquelas que são desenvolvidas, geralmente, desapontam. A maioria dos executivos não se surpreenderá com a análise da Nielsen Company mos-

---

[1] Verdade na propaganda – nós apostamos no projeto, mas fracassamos, em grande parte porque dissemos ao cliente que ele estava atuando no problema errado.

[2] Alguns fatos foram omitidos por questão de confidencialidade.

O Problema dos Primeiros Passos

trando que dos 11 mil lançamentos de produtos na América do Norte, entre 2008 e 2010, apenas seis tiveram cinco anos de vendas superiores a 25 milhões de dólares, mantiveram pelo menos 90% do volume de vendas no próximo ano, com velocidades de vendas mais rápidas que a média da categoria e produziram 200 milhões de dólares em dois anos de vendas acumuladas. Seis. Isso corresponde a 0,05%.

O mundo corporativo está se afogando em ideias. As empresas pensam muito grande. Mas *produzir* grande – agora, este é o claro desafio.

Considere também a fragilidade das *startups*. Apesar do entusiasmo que cerca as preciosas e poucas histórias de sucesso, uma pesquisa conduzida por Shikhar Ghosh, conferencista sênior da Harvard Business School, constatou que 75% do capital de risco – de suporte às *startups* – presumivelmente, a nata deste filão – não conseguiram dar resultados do capital investido a seus investidores (quanto mais gerar retornos positivos). Dessas empresas, 95% não conseguiram atingir os patamares financeiros estabelecidos em seus planos de negócio. Das mais de 10 mil empresas de software que receberam financiamento de capitalistas de risco desde 2003, apenas quarenta definitivamente atingiram um valor de mercado superior a 1 bilhão de dólares. Isso corresponde a 0,4%. Geralmente, a vida média de uma nova empresa é de cerca de cinco anos. Ou seja, mais de 50% das empresas não sobrevivem tempo suficiente para completar seis anos de vida.

Talvez o problema fundamental seja a reduzida capacidade de apresentar ideias inovadoras. Mas isso não se enquadra na minha primeira experiência com empreendedores e inovadores corporativos, nem é consistente com a noção de que, em inovação, a mágica não reside na ideia, mas na experimentação por tentativa e erro, que com tanta frequência transforma uma ideia em uma proposição de negócio vitoriosa. Ninguém argumentaria com melhores ideias, mas a essência do problema está num erro logo nos primeiros passos, quando a ideia ainda no papel é transferida ao mercado.

INOVAÇÃO DO PLANEJAMENTO À AÇÃO

A expressão *primeiros passos* se baseia em um termo que emergiu do setor de telecomunicações na década de 90. As tecnologias no "núcleo" da rede estavam sofrendo rápidas transformações, mas a maioria dos usuários não via muitos benefícios. O problema era que os fios que já passavam pelas casas das pessoas foram fabricados para um diferente tipo de tráfego. A substituição desses fios exigia investimentos pesados que somente poderiam ser realizados de casa em casa por um conjunto de operários da construção civil e de especialistas em redes. Os especialistas no assunto o denominaram como problema dos "últimos passos".

As empresas que buscam crescimento têm um interesse contrário a esse problema. Você oferece a elas negócios de 50 milhões de dólares e pede para que determinem sua escala, e muitas conseguem fazer isso numa fração de segundos. Você pede para que peguem um bom produto e o transformem em um melhor, e elas enfrentam o desafio. Mas obter o primeiro dólar, euro ou rúpia com uma nova atividade – particularmente se ela seguir um modelo inovador de negócio – é extremamente difícil. Os empreendedores também empacam nos primeiros passos – às vezes, eles perseguem incansavelmente uma oportunidade com falhas fatais ou tentam fazer tantas coisas que é difícil descobrir o que efetivamente funciona.

Na minha opinião a etapa mais arriscada da inovação está nos primeiros passos. Não sou o primeiro a fazer essa observação. Thomas Alva Edison está no hall da fama dos inovadores. Afinal, o assim chamado mago do Menlo Park inventou a lâmpada elétrica, a vitrola, a fita adesiva e a moderna indústria cinematográfica. Ele claramente não era nenhum inventor tresloucado que apresentava ideias pouco práticas. Por exemplo, para comercializar a lâmpada, Edison projetou e depois ajudou a construir um sistema completo, incluindo geradores, subestações e linhas de transmissão. Ele desenvolveu a lâmpada com o objetivo de otimizar o custo de sua operação dentro do sistema. Testou o conceito em seu laboratório, e então lançou um piloto comercial em baixa escala em Manhattan. Outros poderiam ter comprometido a tecnologia, mas Edison comprometeu o negócio e colheu os frutos. Sua citação mais famosa é: "A genialidade é 1% de inspiração e 99% de transpiração", o que mostra um homem obcecado com a dinâmica exercida pelos primeiros passos da inovação.[3]

No entanto, setenta anos após a sua morte, as pessoas continuam a focar energia pesadamente na inspiração, e não em meios práticos de se transpirar produtivamente.

O Método Científico e a Incerteza Estratégica

Neste livro, proponho que a solução fundamental para esse problema é a aplicação do método científico para o gerenciamento da incerteza estratégica.

Você provavelmente se lembra do método científico do Ensino Médio. Como definido pelo *Dicionário Oxford*, ele é o "procedimento que tem caracterizado a ciência natural desde o século XVII, consistindo em observação sistemática, medições, experimentos, além da formulação, testes e modificação de hipóteses".

Abandone por um minuto as lembranças mornas de bicos de Bunsen ou a dissecação de sapos, e veja como o método científico visita inesperadamente – e transforma – locais menos óbvios como sua cozinha ou o campo de beisebol.

A cozinha. Ela não parece ser um lugar para a ciência. Embora qualquer um possa se tornar um bom cozinheiro com ingredientes de qualidade, equipamentos apropriados, uma boa receita e prática, a exce-

---

[3] A exemplo de outras citações como: "Se eu descubro depois de 10 mil tentativas que algo não funcionará, não fracassei. Não fico desestimulado, pois cada tentativa errada descartada de modo geral é uma etapa posterior" e "A oportunidade é perdida pela maioria das pessoas porque está vestida de macacão e parece funcionar".

INOVAÇÃO DO PLANEJAMENTO À AÇÃO

lência exige uma habilidade artística. Resultados realmente ótimos provêm da arte, não da ciência. Correto?

Em 1980, Christopher Kimball decidiu adotar uma abordagem diferente. Qual seria o modo ideal para fazer ovos mexidos, assar biscoitos, assar um peru? Ele e sua equipe desenvolveram cuidadosamente uma hipótese, fizeram experiências e continuaram repetindo-as até conseguir bons resultados. Um perfil de Kimball exibido na revista *New York Times* em 2012 descrevia as receitas resultantes como "preocupado com a infalibilidade técnica após semanas de testes tão exatos de modo a levar um cozinheiro comum ao ponto da neurastenia". Ele criou uma revista chamada *Cook's Illustrated* e o programa de TV *America's Test Kitchen*, para disseminar o aprendizado a um público maior.

Atualmente, a revista tem mais de 1 milhão de leitores; seu site, mais de 300 mil assinantes que pagam, seu programa televisivo sobre culinária é o de maior audiência na televisão aberta, e Kimball publicou uma série de livros de culinária nos quais os usuários (incluindo um de meus irmãos) depositam grande confiança. Uma receita só é apresentada na revista quando pelo menos 80% de um grupo voluntário de chefes de fim de semana que a testa em casa afirmem que a preparariam outra vez. Kimball acredita piamente que os testes conduzem aos melhores resultados e rejeita a visão de que cozinhar é uma arte. Numa entrevista para a *Times*, ele disse que "cozinhar não é criativo e tampouco fácil. Trata-se de um trabalho sério e difícil de ser benfeito, e a exemplo de tudo o que vale a pena ser feito é algo extremamente difícil".

Similarmente, a análise do beisebol tem se transformado nas últimas décadas. Se voltarmos aos anos 1970, os rebatedores eram os principais protagonistas do jogo. Quem recebia destaque eram os jogadores jovens que apresentavam os melhores biótipos em detrimento daqueles que produziam bons resultados, mas não tinham biótipos adequados. Como os jogadores desenvolviam mais de um registro estatístico, os contratos e as premiações se baseavam na superação de dados estatísticos

O Problema dos Primeiros Passos

básicos, como a média de rebatidas, golpes que permitem ao rebatedor completar o circuito das bases, circuitos e vitórias obtidos pelos arremessadores e médias de circuitos ganhos por lançadores. Bill James foi o líder de um movimento que transformou a análise de desempenhos. Ele – e outros pesquisadores como Craig Wright e Pete Palmer e, mais recentemente, Nate Silver, Voros McCraken e Tom Tango – abordaram o esporte como cientistas.

O beisebol, com uma enorme série de eventos discretos, extremamente independentes, leva a esse tipo de análise. Os pesquisadores se aprofundaram em perguntas como: O que exatamente cria valor? Que estatísticas são mais significativas? Que estatísticas resultam essencialmente de uma aptidão repetível? Que estatísticas são mais bem influenciadas pela sorte ou por outros fatores de difícil repetição? Quais estratégias internas do jogo efetivamente criam valor, e quais não? Com o aumento da capacidade dos computadores, esses pesquisadores conduziram modelos computacionais de simulação para testar suas hipóteses. Organizações que pensavam à frente compilaram os dados dessas pesquisas, conduziram seus próprios experimentos e ajustaram a estratégia com base nos dados. A assim chamada revolução Sabermetrics (que recebeu esse nome por causa da conexão com a Society for American Baseball Research, ou SABR) ficou popular com a publicação em 2003 do best-seller *Moneyball,* de Michael Lewis, que em 2011 se transformou no filme estrelado por Brad Pitt no papel do dirigente Billy Beane, do Oakland Athletics. Essa revolução se disseminou para os campos de futebol americano, de futebol e para as quadras de basquete, alterando as táticas dos jogos e as negociações dos contratos.[4]

---

[4] Veja, por exemplo, a entrevista na web de Daryl Morey, dirigente do Houston Rockets em http://www.reddit.com/r/IAmA/comments/10mrkx/iam_the_houston_rockets_gm_ama/ e o trabalho feito pela Football Outsiders. Muitos dos principais pensadores desta área se congregam na conferência anual MIT Sports Analytics. Veja http://www.sloansportsconference.com.

INOVAÇÃO DO PLANEJAMENTO À AÇÃO

Se o método científico consegue transformar a culinária e os esportes, por que não os negócios e, mais especificamente, as inovações que vão de produtos a serviços que geram desde crescimento corporativo até ideias triviais para melhorar o desempenho das equipes?

A maioria das pessoas argumenta que a ciência e a inovação estão, na melhor das hipóteses, em campos pouco correlacionados e, na pior, em campos diametralmente opostos. Afinal de contas, a inovação exige um tipo específico de criatividade. Criar novos negócios exige um artesão-mestre, uma pequena dose de aleatoriedade e um bocado de sorte.

Mas a exemplo de como Kimball mudou a nossa visão da culinária e James mudou o modo como víamos o beisebol, a pesquisa nessas últimas décadas está transformando o modo como o mundo enxerga a inovação. O que costumeiramente era um campo misterioso e sombrio está se tornando cada vez mais claro e replicável.

O trabalho acadêmico sobre a gestão da incerteza estratégica remonta ao documento seminal de 1985 de Howard Mintzberg e James Waters denominado "Of Strategies, Deliberate and Emergent". Os dois autores assinalaram que, em circunstâncias extremamente ambíguas, o sucesso normalmente não vem de processos de planejamento deliberados, mas sim de um processo de tentativa e erro, a partir do qual emerge a correta estratégia (em geral, de modo involuntário). Rita Gunther McGrath, professora da Columbia, e seu colaborador de longa data Ian MacMillan captaram o fio da meada em uma série de escritos, incluind-babe.como o clássico artigo "Discovery-Driven Planning" publicado na *Harvard Business Review*, em 1995, e o livro *Discovery-Driven Growth*, de 2009.

Mais recentemente, Steven Gary Blank tem atuado como o mentor intelectual de um movimento fora do Vale do Silício para abordar a criação de novas empresas de modo mais sistemático. Blank, um em-

O Problema dos Primeiros Passos

preendedor assíduo que agora leciona em Stanford e na Universidade da Califórnia, Berkeley, aponta que um erro fundamental é presumir que uma *startup* é uma versão menor de uma grande empresa. Não é. Ela é uma organização temporária em busca de um modelo de negócio sustentável. O estudioso afirma que essa busca deve ocorrer no mercado, pois não há respostas no interior da organização.

Os inovadores precisam oferecer produtos e serviços funcionais aos clientes, utilizando um processo que Blank chama de *descoberta do cliente*. O prefácio do livro que Blank fez em 2012 em coautoria com o empreendedor Bob Dorf resume esse ponto de vista claramente: "Após meio século de prática, sabemos de forma inequívoca que o currículo tradicional de MBA para gerir empresas de grande porte, como IBM, GM ou Boeing, não funciona para *startups*. Na realidade, ele é prejudicial... A busca por um modelo de negócio exige regras, guias, conjuntos de habilidades e ferramentas bastante diferentes, de modo a minimizar riscos e otimizar as chances de sucesso.

Um dos discípulos de Blank, Eric Ries, apresentou um conjunto prático de ferramentas a milhares de leitores em seu best-seller *The Lean Startup*. O autor introduziu termos-chaves no léxico da inovação, como o *produto mínimo viável* (ter funcionalidade aceitável para atrair clientes iniciais), o *pivô* (correção de curso após o aprendizado do mercado), testes A/B (testar aleatoriamente duas versões, como uma característica do site ou um anúncio para gerar dados sobre as preferências dos consumidores) e o processo construir-medir-aprender (que segue os preceitos da fabricação "enxuta" para reduzir as perdas nas *startups*). Os inovadores, particularmente aqueles que trabalham em novos negócios na Web, adotaram o kit de ferramentas prático. Finalmente, Peter Sims publicou um guia inspirador para pessoas presas nos primeiros passos da inovação em seu *Little Bets*, em que ele descreveu como novidades revolucionárias introduzidas pelo comediante Chris Rock, o arquiteto Frank Gehry, o

INOVAÇÃO DO PLANEJAMENTO À AÇÃO

estúdio cinematográfico Pixar e muitos outros emergiram de uma série de pequenas apostas.

Guia dos *Primeiros Passos*

A Innosight tem trabalhado neste tópico por mais de uma década de três modos distintos:

- Atuar com os clientes ao longo dos primeiros passos da inovação.
  Como muitas consultorias, a Innosight produz um volume razoável de transparências em PowerPoint. Mas as equipes de consultores também têm arregaçado as mangas para desenhar e executar experiências no mercado nos Estados Unidos, na Coreia do Sul, Índia, China, Austrália, Filipinas e Cingapura.

- Investir e fazer trabalhos de incubação em *startups*.
  A Innosight começou a experimentar atividades de investimento e incubação, investindo em várias *startups* americanas em 2005. Em 2007, essas atividades se fundiram com as atividades emergentes de incubação na Ásia sob o nome Innosight Ventures. De 2007 a 2009, a Innosight Ventures levantou um pequeno montante de capital próprio e incubou uma dezena de empresas na Índia, em Cingapura e nos Estados Unidos. Em 2009, formou o IDEAS Fund, um fundo de 8 milhões de dólares gerido em conjunto com o governo de Cingapura como parte da Rede Nacional para Inovações e Empreendimentos. Até a publicação deste livro, o IDEA Fund tinha investido em oito empresas cingapurianas (ActSocial, iTwin, Versonic, YFind, Chope, the Luxe Nomad, Referral Candy e The Mobile Gamer). Dito isso,

O Problema dos Primeiros Passos

a Innosight tem investigado mais de 400 oportunidades e participou na operacionalização de cerca de trinta ideias.

- **Criar culturas corporativas que suportem a experimentação.** As organizações de grande porte, por definição, são desenhadas para executar o atual modelo de negócio, não para buscar o modelo de negócio do futuro. O ritmo das mudanças no mundo atual exige que as corporações encontrem um meio de equilibrar a atividade de execução com a atividade de busca, e de fazer isso de um modo que o equilíbrio flua naturalmente em vez de confiar em constantes intervenções do líder sênior. A Innosight tem ajudado as equipes de liderança espalhadas pelo mundo a desenvolver sistemas e estruturas que suportem a experimentação estratégica.

O texto que se segue resume as lições aprendidas com essas experiências. A Primeira Parte deste livro desenvolve o Kit de Ferramentas dos Primeiros Passos, um modo prático para as equipes acelerarem pelos passos iniciais da inovação. Especificamente, essa parte explica de maneira clara e cuidadosa um processo de quatro partes formadas pelo acrônimo DAFT[*]: *Documentar* sua ideia (Capítulo 2), *Avaliar* a partir de múltiplas perspectivas para identificar as incertezas (Capítulo 3), *Focar* nas mais críticas (Capítulo 4) e *Testar* para aumentar a confiança (esta parte foi dividida em dois capítulos: o Capítulo 5 detalha os segredos para ter sucesso no desenho e na execução dos testes e o Capítulo 6 apresenta um "manual" com 14 experimentos estratégicos específicos. O kit de ferramentas ajudará os inovadores a responder as seguintes questões: Como identificar com precisão os pontos fracos em minha estratégia? Qual a diferença entre um fato e uma premissa? Que tipo de

---

[*] No original, DEFT: *Document* (documentar), *Evaluate* (avaliar), *Focus* (focar) e *Test* (testar). (N. R.)

INOVAÇÃO DO PLANEJAMENTO À AÇÃO

experimento me permitirá aprender o que preciso? Como conduzir esse experimento?

Embora a descrição do processo seja simples, segui-lo não é, particularmente em grandes organizações. A Segunda Parte deste livro descreve como superar os desafios mais comuns dos primeiros passos (Capítulo 7), explora os sistemas que as organizações podem criar para deixar que a experimentação se torne mais natural (Capítulo 8) e fornece indicadores para que os líderes busquem desenvolver suas competências de modo a tratar a incerteza que caracteriza os primeiros passos – e os desafios estratégicos ainda mais amplos que os líderes enfrentarão na próxima era da descontinuidade (Capítulo 9).

Embora haja poucos exemplos clássicos, o livro procura da melhor maneira possível detalhar estudos de caso menos conhecidos, tal como uma iniciativa de criar um console de áudio disruptivo, uma *startup* de marketing boca a boca tentando avançar na China, a incursão da Kraft na atividade de *pizza trucks*, e os próprios esforços da Innosight de desenvolver novas ofertas e modelos de negócio.

Este livro tem como público-alvo principal os gerentes corporativos que lidam com o desenvolvimento e a comercialização de novas ideias e líderes que buscam melhorar suas competências para crescer nos tempos turbulentos atuais. Ao mesmo tempo, ele apresenta lições para qualquer pessoa que esteja se aventurando no desconhecido, seja o empreendedor tentando determinar se vale a pena prosseguir com uma ideia ou os pais tentando descobrir como ensinar os filhos a tomar banho – qualquer pessoa que tenha uma ideia, seja ela parcialmente correta e parcialmente errada. Como passar a ideia da prancheta de desenho para o mercado, ou algo assim? O caminho adiante está repleto de armadilhas ocultas e obstáculos poderosos, muitos dos quais temos infelizmente encontrado em nossas próprias experiências de campo.

Mensagens Importantes deste Capítulo

1. Os primeiros passos da inovação estão repletos de dificuldades.
2. A gestão científica da incerteza estratégica é a chave para superá--las.
3. Este livro incrementará as ferramentas fornecidas pela metodologia *lean start-up* com base na experiência da Innosight em consultoria para grandes organizações e na incubação e investimento em *startups*.

PARTE I

Kit de Ferramentas dos Primeiros Passos

Os capítulos a seguir abordam o Kit de Ferramentas dos primeiros passos – um processo de quatro etapas para gerir a incerteza estratégica. Eles descrevem como:

- Documentar uma ideia para ajudar a revelar as hipóteses ocultas.
- Avaliar essa ideia de múltiplos ângulos.
- Focar nas incertezas estratégicas mais críticas.
- Testar rigorosamente e adaptar rapidamente.

A sigla DAFT funciona como lembrete para gerir mudanças e reviravoltas imprevisíveis geralmente envolvidas nos primeiros passos, o que torna um processo rigoroso como esse ainda mais importante.

CAPÍTULO 2

Documentar seu Planejamento

A primeira etapa do processo DAFT – *documentar* sua ideia – parece bastante ingênuo: anote o que você realmente deseja fazer. No entanto, surpreendentemente, é a etapa que os inovadores mais esquecem. Como exemplo, nossa unidade de investimentos revisou cerca de 400 planos durante os últimos anos. A maioria desses planos descreve detalhadamente uma nova tecnologia ou uma grande oportunidade de mercado. Apenas uma parte deles cobre ambas. Um número ainda mais reduzido também descreve os aspectos econômicos da ideia, e são raros os que abordam os detalhes operacionais do âmago da questão.

Os que aderem à metodologia *lean start-up* às vezes adotam a perspectiva extrema de que pesquisar e pensar são coisas inúteis – que o aprendizado nasce somente do desenvolvimento de protótipos e dos testes no mercado. Isso não é correto. Qualquer estratégia inicial para o crescimento de um novo negócio será parcialmente errada, e as ideias embutidas nele serão parcialmente corretas. Considere a pesquisa que Jeff Bezos fez antes de fundar a Amazon.com, que o levou a focar em livros em vez de música, roupas ou aparelhos eletrônicos. O estudo do mercado livreiro depois levou Bezos a implantar sua empresa próximo das principais distribuidoras de livros no noroeste dos Estados Unidos. Certamente, ele poderia ter chegado a isso por meio de experimentação,

INOVAÇÃO DO PLANEJAMENTO À AÇÃO

mas o estudo da dinâmica do mercado o ajudou a criar uma serie de atalhos. Não há dúvida de que os funcionários de grandes organizações podem exagerar na direção dos planos de negócios, mas não deixam o pêndulo tombar muito para o outro lado. Bons inovadores investem o tempo para pesquisar suas oportunidades e formular as hipóteses mais robustas possíveis de modo a focar seus experimentos nas áreas em que o aprendizado terá o maior impacto.

Como não há um melhor meio de documentar uma ideia, este capítulo apresenta abordagens diferentes a se considerar. Ele também descreve ferramentas que podem ajudar com a documentação e destaca os erros mais comuns cometidos pelos inovadores.

Um Ponto de Partida:
A Trindade dos Primeiros Passos

O que é preciso para fazer com sucesso algo diferente que crie valor? No nível mais elementar, qualquer inovação bem-sucedida apresenta três características:

- Deve abordar um mercado legítimo ou uma necessidade do consumidor ("Há demanda?").
- Deve abordar essa necessidade de modo confiável e interessante ("Podemos fazer isso?" ou "Podemos entregar?").
- Deve criar valor juntamente com outras métricas pertinentes para um esforço específico ("Os números funcionam?" ou "Isso importa?").

Assim, em um nível básico, é preciso descrever o problema específico visado, o modo como esse problema será abordado (no curto e no longo prazo) e como essa solução se traduzirá em impactos independentemente das dimensões que interessam a você (receita, lucros, fluxo de caixa, melhoria do processo etc.).

A Próxima Etapa:
Vinte e Sete Questões de Inovação

Embora essas três áreas pareçam simples, fornecer boas respostas exige um pensamento mais detalhado. Por exemplo, para explicar a natureza da demanda para a sua inovação, é preciso entender quem são os clientes efetivos ou usuários finais e quem os influencia. É preciso saber como e por que os clientes usarão sua ideia e os interessados darão suporte a ela. Determinar a viabilidade de uma ideia exige uma reflexão sobre elementos como a produção e a distribuição, bem como uma resposta competitiva. Entender se ela importa exige o detalhamento de como as receitas são obtidas, que custos são requeridos e o fluxo de caixa da atividade.

Desse modo, a descrição subjacente de uma ideia deve considerar, ao menos, 27 questões específicas que o bom inovador deve ser capaz de responder:

CLIENTE-ALVO

1. Quem é o cliente (ou clientes, se for uma atividade multifacetada como um negócio de mídia que atrai clientes e depois vende anúncios publicitários a empresas desejosas de atender a esses clientes)?
2. Em que tarefa o cliente está tendo dificuldades?
3. O que sugere que tal serviço é importante, mas insatisfatório?

INOVAÇÃO DO PLANEJAMENTO À AÇÃO

PRINCIPAIS INTERESSADOS

4. Quem mais está envolvido na decisão de compra e de utilização do serviço?
5. O que o trabalho deles pode fazer?
6. Por que eles apoiariam a ideia?

IDEIA

7. Qual é a essência da ideia?
8. Como a ideia ajudará clientes e principais interessados?
9. Ela se compara a outros meios de os clientes obterem o serviço?
10. O que faz ela ser diferente e melhor?
11. Como ela se parecerá e qual a sensação provocada?

ASPECTOS ECONÔMICOS

12. Quais são os fluxos de receitas mais prováveis?
13. Qual é o custo de se obter essas receitas?
14. Que infraestrutura será requerida?
15. Que dispêndios de capital são requeridos?

TRAJETÓRIA DA COMERCIALIZAÇÃO

16. Em que mercado-base você começará?
17. Qual é o plano para se expandir a partir do mercado-base?
18. Quais são os obstáculos competitivos que mais lhe preocupam? Como você os superará e o que fará para que sejam insignificantes?

Documentar seu Planejamento

OPERAÇÕES

19. Quais são as atividades-chave envolvidas na oportunidade?
20. Quais são as atribuições de cada um?
21. O que você fará?
22. Que parcerias será preciso estabelecer?
23. O que você precisará adquirir?

EQUIPE

24. Quem comporá a equipe?
25. O que foi feito no passado sugere alguma chance de sucesso no presente?

FINANCIAMENTO

26. Qual o montante de dinheiro requerido para executar o plano?
27. Quanto tempo levará para obter retorno sobre o investimento?

Obviamente, algumas dessas questões são mais fáceis de responder do que outras – e isso é aceitável. Parte do valor dessa documentação é obter uma melhor noção do que efetivamente se *sabe* em relação ao que foi assumido. Documentar premissas ainda facilita a revisão de um plano se houver mudanças nas premissas básicas no mercado. Se você está trabalhando em equipe, responda essas questões com o grupo. Até pessoas que trabalham juntas no dia a dia com frequência têm premissas subjacentes diferentes sobre uma ideia.

INOVAÇÃO DO PLANEJAMENTO À AÇÃO

Ferramentas de Captura

Há três ferramentas que consideramos úteis para documentar um conceito.

A primeira é o que chamamos de *currículo da ideia*. A exemplo do currículo de uma pessoa que condensa seu histórico profissional em uma ou duas páginas, o currículo da ideia captura todos os seus componentes de destaque em uma única página. Introduzimos o conceito em nosso livro de 2008, *Inovação para o Crescimento*, e continuamos a acreditar na utilidade de se anotar os elementos-chave de uma ideia. Enquadrar uma ideia em uma página significa fazer escolhas sobre quais elementos incluir – um sumário da ideia "vertical" típico sobre o Microsoft Word apresenta de 10 a 12 itens. Um slide do PowerPoint pode ter somente quatro ou cinco elementos. De maneira ideal, o sumário de uma ideia não deve se limitar a um texto – ele deve ter uma representação visual (modo refinado de dizer desenho) da ideia. A Figura 2-1 exibe uma versão de sumário de ideia (Alguns dos conceitos, como o cálculo do impacto, as incertezas críticas e o plano de testes serão abordados com mais detalhes nos próximos capítulos. Uma versão em inglês dessa ferramenta pode ser baixada do site innovationsfirstmile.com.

Outra ferramenta popular é a tela do modelo de negócio, descrita detalhadamente no best-seller *Business Model Generation*, de Alexander Osterwalder e Yves Pigneur.

A simplicidade da ferramenta e a sua clareza visual têm feito dela uma fonte de pesquisa para muitos inovadores. A tela retrata em uma única página elementos-chave do modelo de negócio – especificar o cliente, a oferta, o canal até o mercado, a abordagem de marketing etc. Para capitalizar a popularidade da ferramenta, Osterwalder criou um conjunto de ferramentas de captura que funcionam em laptops e tablets, como o iPad; elas estão disponíveis em seu site (www.businessmodelalchemist.com).

Documentar seu Planejamento

FIGURA 2-1

O sumário da ideia

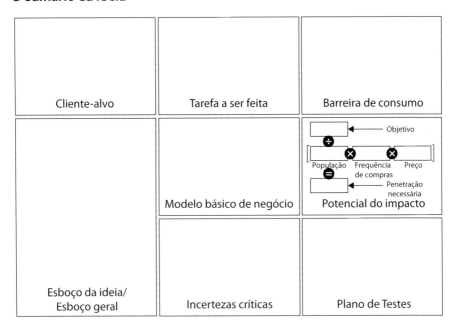

A terceira ferramenta é criar um plano de negócio. Nossa tendência é evitar adensar exageradamente com documentos de mais de uma centena de páginas cobrindo cada um dos componentes concebíveis de uma ideia.[5] Como toda ideia é parcialmente correta e parcialmente errada, ficar obcecado com o aperfeiçoamento do plano de negócio é perda de tempo. Em vez disso, os inovadores devem gastar tempo suficiente para garantir que capturaram a essência de suas ideias para compartilhá-la com outras pessoas e passar para as próximas etapas do Kit de Ferramentas dos Primeiros Passos.

Nosso braço de capital de risco tem revisado centenas de planos de negócios. Um dos memoráveis foi o lançamento da Wildfire em 2010.

---

[5] Naturalmente, assegure-se de conhecer seu público. Clientes com mentalidade tecnológica podem exigir densidade, assim como certos investidores de capital de risco.

INOVAÇÃO DO PLANEJAMENTO À AÇÃO

A ideia era desenvolver uma metodologia sistemática para o marketing boca a boca na China. Havia uma necessidade de mercado claramente demonstrada – a falta de inventário de mídia tornara os veículos de propaganda tradicionais (comerciais televisivos, anúncios em jornais e afins) muito caros. Para anunciar suas mensagens, as empresas "inundavam" as cidades de folhetos ou investiam em promotores internos de lojas que empurravam os produtos. Posteriormente, pesquisas globais mostraram consistentemente que recomendações de fontes confiáveis têm mais peso do que mensagens publicitárias do mercado de massa. As fortes normas sociais que cercam o *guanxi**, que essencialmente descreve o poder dos relacionamentos entre pessoas com base na confiança, faz da China um mercado ainda melhor para o marketing boca a boca.

A equipe de fundação da Wildfire se reunia enquanto estudava no *campus* da INSEAD em Cingapura. Benjamin Duvall tinha trabalhado previamente na BzzAgent, uma empresa que desenvolvera um negócio de marketing boca a boca nos Estados Unidos e falava mandarim fluentemente. Seu cofundador, Christoph Zrenner, tinha desenvolvido um software que poderia ajudar a gerenciar os inúmeros detalhes que formariam a espinha dorsal do negócio.[6]

O documento da Wildfire continha 14 páginas, organizadas em torno de dez aspectos únicos. O Quadro 2-1 detalha essas áreas e avalia o grau de correção das afirmações da equipe.

A Wildfire (que mudou o nome para ActSocial no início de 2014) obteve bons resultados, mas também sofreu alguns reveses. Isso é normal. A natureza abrangente do plano evidenciou que a equipe tinha pensado sobre a atividade, aumentando a confiança dos investidores. Ele

---

* O termo chinês *guanxi* significa "relacionamento" e se refere a qualquer tipo de relação. No universo empresarial chinês, é entendido como a rede de contatos e conhecimentos entre várias partes que cooperam entre si (N.R.)

[6] O software foi desenvolvido inicialmente para ajudar a gerir as avaliações que os alunos davam aos professores após as aulas. Zrenner então explorou usar o mesmo sistema para gerir testes de fármacos antes de iniciar o marketing boca a boca.

Documentar seu Planejamento

era também uma agradável combinação entre pensamento estratégico, analítico e descrições visuais.

Quando trabalhamos com corporações, normalmente utilizamos um miniplano de negócio que guarda uma forte semelhança com o plano da Wildfire. Embora a natureza de cada plano é muito específica, o sumário da ideia de modo geral inclui:

- Um resumo executivo
- Os clientes-alvo e seus problemas
- A solução proposta (incluindo o esboço ou a ilustração de um protótipo inicial)
- Elementos-chave do modelo de negócio
- Plano para gerar a escala da ideia
- Dados financeiros concisos (veja o Capítulo 3 para abordagens sugeridas)
- Hipóteses críticas
- Plano de teste proposto

Um modelo de plano de negócio para preencher e o exemplo do *pizza truck* da Kraft (abordado no Capítulo 6) podem ser baixados em innovationfirstsmile.com.

QUADRO 2-1

Esboço geral do plano de negócio da Wildfire

Área	Afirmação da Wildfire 2010	Significado	Visão do final de 2013
Problema	Os profissionais de marketing estão desesperados para iniciar uma corrida por negócios na China e no sudeste asiático.	Mídia tradicional limitada (comerciais de TV, anúncios em jornal) indicava um rápido aumento de custos.	O interesse do mercado em novas soluções no sudeste asiático tem sido consistentemente alto.

INOVAÇÃO DO PLANEJAMENTO À AÇÃO

QUADRO 2-1 *(continuação)*

Área	Afirmação da Wildfire 2010	Significado	Visão do final de 2013
Solução	Um conjunto de oito ferramentas próprias que resolvam com sucesso um problema significativo para os profissionais de marketing.	Mecanismos específicos para formar, ativar e monitorar uma rede de influenciadores.	A solução prevista era essencialmente "off-line", envolvendo interações humanas. A solução que emergiu foi uma combinação entre ferramentas off-line, e on-line que conseguiam monitorar e influenciar usuários de redes sociais.
Atratividade	Dois clientes-âncora listados na Fortune 500 e três contas menores no primeiro ano do negócio.	Interesse inicial de grandes corporações sugeriam uma oportunidade interessante para se obter escala.	O modelo inicial de serviços tinha um ciclo de venda mais longo que o antecipado, de modo que a atratividade real levou mais tempo para seu desenvolvimento.
Mercado	Amplo e com crescimento rápido.	Vários analistas sugeriram que os anúncios publicitários na China de modo geral e o marketing boca a boca especificamente cresceriam de forma substancial.	Projeções específicas são sempre erradas, mas o mercado certamente tem crescido mais nos últimos anos.
Posicionamento	Uma proposição inovadora de "oceano azul".	A Wildfire estava tentando competir em meios muito diferentes dos veículos promocionais tradicionais.	O marketing boca a boca tem mantido uma posição única em comparação com as ofertas tradicionais, mas estão emergindo soluções híbridas que combinam os dois tipos.

Documentar seu Planejamento

QUADRO 2-1 *(continuação)*

Área	Afirmação da Wildfire 2010	Significado	Visão do final de 2013
Modelo de negócio	Defensável, lucrativo e de escala.	A equipe projetou que uma empresa gastaria $2 milhões em um único programa, o que tornava o negócio muito atrativo.	Os preços eram inferiores ao esperado, e as vendas demoravam mais tempo até o fechamento, o que impulsionou modificações importantes no modelo de negócio.
Limitações	A primeira a adaptar um marketing influenciador no mercado asiático e em um cenário fortemente competitivo.	A Wildfire acreditava que seu método único e a atratividade inicial iriam rechaçar os competidores.	Os competidores globais têm entrado lentamente no mercado, mas a Wildfire tinha de competir com uma série de *startups*.
Status	Nós temos um plano.	A equipe tinha marcos claros de curto e médio prazos.	Eles executaram algumas partes do plano e outras não; atingiram alguns marcos e outros não.
Equipe	Uma equipe local altamente eficiente e com histórico comprovado.	A Wildfire tinha todas as posições-chaves de liderança preenchidas com profissionais com experiências interessantes e complementares.	Em 2012, ficou claro que faltavam vendedores de ponta e profissionais com competências em desenvolvimento de mercados na equipe, o que levou à contratação de novos executivos.
Dados financeiros	A Wildfire tem um negócio comprovado, demonstra rentabilidade e está preparada para uma nova rodada de financiamentos.	A Wildfire projetou que poderia ser vendida já em 2011 ou lançar seu IPO em 2014.	Isso sempre exige mais tempo e mais custos, e a organização aprendeu essa lição.

INOVAÇÃO DO PLANEJAMENTO À AÇÃO

Quatro Sinais de Alerta

Para documentar uma ideia são necessários diligência e disciplina. Independentemente do método que for seguido, preste muita atenção nesses quatro erros comuns.

1. Confundir conceito e negócio

Muitos esforços de inovação começam com uma pergunta simples. De modo geral, a pergunta começa com "E se...". "E se introduzíssemos o marketing boca a boca na China?", perguntava a Wildfire. "E se usássemos a internet para vender livros a preços baixos?", Jeff Bezos se perguntou. "E se pudéssemos erradicar a malária?", Bill Gates perguntou quando abriu sua fundação. Um fragmento de uma ideia é um ótimo ponto de partida, mas um ponto final insuficiente. Assumindo que sua intenção é iniciar uma nova atividade ou aprimorar uma já existente, a razão para inovar é no final gerar receita que se traduza em lucros, que se traduzem em fluxo de caixa. Não se pode sonhar com receitas, lucros ou fluxo de caixa a menos que se consiga resolver problemas operacionais como produção, distribuição, suporte pós-venda etc. Os problemas financeiros e operacionais podem ser intimidadores aos inovadores que não sabem ler demonstrativos financeiros ou desenhar e gerir uma cadeia de suprimentos. Felizmente, várias ferramentas facilmente acessíveis podem desmistificar o jargão que faz os analistas do mercado financeiro parece falar uma outra língua. Eu recomendo o livro *Analysis of Financial Management*, de Bob Higgins, como meio de se obter bom entendimento dos termos e das técnicas básicas de finanças.

2. Focar Apenas no Início ou no Fim

Alguns inovadores "pintam" visões estimulantes do que o futuro pode guardar; outros descrevem em detalhes muito precisos o que farão num prazo muito curto. Os melhores inovadores, no entanto, podem fazer

46

Documentar seu Planejamento

ambos. É importante conhecer os detalhes da próxima etapa. Planos de ideias em geral não são realizados. E como esses planos não nascem prontos, um ponto de partida consistente ajuda a assegurar a experiência de tentativa e erro para encontrar a estratégia certa. Os inovadores devem ser capazes de explicar com algum grau de precisão o que ocorrerá no próximo mês, trimestre ou ano. Uma técnica útil para realmente dar vida a uma ideia é visualizar como a empresa obterá seu primeiro ganho ou receita. Quem especificamente será o cliente? Pelo que o cliente estará pagando? Como ele obterá isso? Ao mesmo tempo, é importante ter um ponto de vista sobre qual poderia ser o destino final (embora reconhecendo que a visão possa estar completamente errada). Os inovadores devem ser hábeis em vislumbrar como o mundo poderá estar daqui a três ou cinco anos se eles forem bem-sucedidos. Ambas as visões são importantes.

3. Olhar pela Perspectiva de um Único Grupo de Interesse

O mundo é um local complicado. Pense sobre todas as pessoas a quem poderia interessar um novo mecanismo de tratamento para o diabetes que integra tecnologia de monitoramento e um aplicativo de suporte a exercícios regulares e alimentação saudável. Há, certamente, o paciente que é o último a receber o tratamento. O cônjuge, os amigos e familiares podem influenciar a decisão do paciente de aderir a um novo regime. Blogueiros de tecnologia também podem influenciar o paciente. Um clínico geral ou um especialista pode prescrever o produto. Um administrador hospitalar precisará aprovar seu uso. O executivo de uma empresa de seguro ou o governo determinará as cláusulas de reembolso. Um regulador pode aprovar ou não o seu uso. Se um elo se rompe nessa rede complicada, as chances de sucesso definitivo diminuem substancialmente. Nem toda atividade é tão complexa como o cuidado com a saúde, mas uma boa descrição de uma ideia destaca por que ela faz sentido a todos os interessados relevantes.

INOVAÇÃO DO PLANEJAMENTO À AÇÃO

4. Tocar a Mente, mas não o Coração

O que você acha mais atrativo? Uma resenha no jornal que descreva a sinopse de um filme ou um vídeo de um minuto? Se uma imagem vale por mil palavras, um bom clipe vale por um livro. Muitos inovadores tentam submeter as pessoas através de uma ladainha de fatos e números. Por favor, assegure-se de que tenha feito seu trabalho de casa e pense o quão abrangente pode ser a sua ideia. No entanto, lembre-se de que, se ela *apenas* atinge a mente e *não* o coração, você perdeu a batalha.

Pense na narrativa de uma história sobre sua ideia. Como um inovador normalmente precisa se engajar com uma série de diferentes interessados, uma história bem arquitetada pode ser um modo cativante de atrair a atenção das pessoas. Utilize parágrafos e sentenças completas como parte da história – a descrição por itens pode ser superficial ou aberta a interpretações subjetivas. Dê vida a sua história com elementos visuais. Crie um vídeo simples. Desenvolva um anúncio de revista e construa um site fictício. Crie um esboço sequencial, um quadrinho com seis blocos que mostram como os clientes experimentarão a sua ideia. Essas soluções estão além de sua capacidade? Leia livros sobre o assunto, como o *Resonate*, de Nancy Duarte.

Descubra um modo de tornar sua ideia tangível. Entenda como Dorothea Koh ajudou a empresa de equipamentos médicos para a qual ela trabalhou a inovar com um método que ensina pacientes diabéticos a utilizar uma bombinha de insulina. A bombinha de insulina fornece um fluxo contínuo da substância por um tubo inserido no abdômen. Historicamente, um representante técnico da empresa demonstrava como inserir o tubo usando um molde plástico do tamanho aproximado de um livro grande de capa dura. O paciente sentava em uma mesa e inseria o tubo no molde. Certamente, essas ações apenas se aproximavam grosseiramente do que os usuários teriam de fazer para inserir o tubo em seus próprios abdomens. Do ponto de vista cinético, é muito diferente inserir um tubo em um molde numa mesa do que inserir um tubo em seu corpo. E se, Koh

Documentar seu Planejamento

pensou, a empresa criasse uma "pele revestível" de modo que os usuários obtivessem uma melhor sensação de como inserir o tubo? Em vez de criar uma apresentação detalhada no PowerPoint, Koh gastou cinco minutos e menos de $1 para criar um protótipo. A gerência acolheu a ideia, e a empresa começou seu desenvolvimento em 2012.

Um protótipo da pele revestível de Dorothea Koh

INOVAÇÃO DO PLANEJAMENTO À AÇÃO

As inovações envolvem um trabalho pesado, e é tentador pular etapas o mais rapidamente possível para a execução. No entanto, o esforço de documentar uma ideia vale a pena, pois isso facilita e amplifica o impacto dos próximos estágios do processo. O Capítulo 3 descreve como avaliar uma ideia de modo a começar a entender seus pontos fortes e fracos, e as principais incertezas.

Mensagens Importantes deste Capítulo

1. É importante documentar rigorosamente uma ideia para começar a entender as premissas críticas.
2. Assegure-se de cobrir diversos ângulos, notavelmente a oportunidade de mercado, a ideia específica e como essa ideia gerará valor.
3. Não use muito tempo documentando, pois sua ideia mudará.

CAPÍTULO 3

Avaliar

Após documentar uma ideia, a próxima etapa é avaliá-la. O ponto aqui não é tomar a decisão se devemos prosseguir. Em vez disso, seguir as diretrizes deste capítulo ajuda a destacar as incertezas que corroboram uma ideia. O Capítulo 4 descreverá, então, como selecionar as incertezas que exigem mais tempo e atenção. Se você está trabalhando em uma ideia específica, certifique-se de começar este capítulo com uma caneta e papel ou outro meio de anotação disponível de modo que possa imediatamente anotar as incertezas estratégicas. Também, fique atento a oportunidades imediatas para refinar e fortalecer a sua ideia. Examinar totalmente uma ideia funciona como um método de baixo risco para testar a eficiência de sua integridade!

Antes de começar a utilizar os mecanismos de avaliação descritos neste capítulo, assegure-se de haver clareza sobre o propósito estratégico subjacente à sua iniciativa de inovação. Colocado de outra maneira, o que, precisamente, se quer realizar? Pode ser um ou mais itens da lista a seguir:

- Aumentar consideravelmente as receitas.
- Gerar fluxos de caixa livres.
- Aumentar o ânimo e a retenção dos funcionários.
- Criar participação de mercado.
- Aumentar a percepção de uma marca.

INOVAÇÃO DO PLANEJAMENTO À AÇÃO

- Fortalecer a performance de um processo.
- Resolver um problema específico.
- Impactar positivamente o mundo.

Além de "o que", certifique-se de ter clareza sobre "como" medirá o sucesso, de forma ideal com certo grau de precisão. Se os retornos financeiros são o objetivo final, tente ter boas respostas para perguntas como: Quais são os objetivos finais de receita? Até quando? Como deverão ser as margens operacionais? Quanto de investimento será tolerado? Conforme descrito no quadro a seguir "Afirme a Resposta", nossa inclinação geral, particularmente nos estágios iniciais da inovação, é selecionar um resultado desejado e focar nas premissas necessárias para que ele seja plausível em vez de ficarmos obcecados com a resposta em si.

Tendo o "o que" e o "como" codificados, considere três categorias de avaliação: análise baseada em padrões para destacar as incertezas estratégicas, análise financeira para mirar o modelo de negócio e as incertezas operacionais, e desempenho de determinadas funções (encenação) para identificar outros vínculos frágeis.

AFIRME A RESPOSTA

A equipe de projetos cria obedientemente uma planilha com as melhores estimativas do potencial de uma ideia. Eles mostram os resultados ao comitê de revisão. Os números são aceitáveis, mas muito baixos para deixar alguém animado. Assim, o relatório é enviado de volta à equipe. Num passe de mágica, ela retorna com um novo conjunto de premissas que são maiores, mas não tão excessivas que possam parecer inacreditáveis. Será que a equipe repentinamente desenvolveu novo conhecimento que melhorou as premissas? Não. Em muitos casos, um integrante da equipe tem ótimo conhecimento do Microsoft Excel para usar uma função denominada *"goal seek"* que determina precisamente o que eles tinham de assumir para passar acima de um limite. Isso é uma grande tolice. Em vez disso, inicie algum trabalho financeiro para garantir uma resposta minimamente aceitável. A resposta pode ser receita, lucro, melhoria de eficiência ou outros fatores. Mas o foco de todas as atividades subsequentes não é gerar uma resposta e sim trabalhar arduamente para identificar os pontos desconhecidos mais críticos.

Análise Baseada em Padrões

Ted Williams foi um dos maiores arremessadores de beisebol da história. Sua média de 0,344 batidas é a sétima mais alta de todos os tempos, e a mais alta de qualquer jogador nascido após 1900. Williams disse certa vez: "O beisebol é o único campo de empreendimento em que um homem pode obter sucesso em três de dez tentativas e ser considerado um bom realizador". A realidade é que esse tipo de sucesso pode caracterizar qualquer atividade em que a sorte e a capacidade se combinam para determinar resultados (Michael Mauboussin estudou isso mais profundamente; veja o Capítulo 8 para obter mais detalhes), incluindo, claro, inovações. Nessas atividades, entender os padrões e processos que caracterizam o sucesso fornece medidores razoáveis para avaliar o potencial no longo prazo, sem dados detalhados.

No caso da inovação, isso significa avaliar estratégias incertas contra padrões que conectam estratégias historicamente bem-sucedidas. Esse processo envolve uma parcela maior de julgamento subjetivo – havia uma lista ISO 9001 abrangente para a criação de novos negócios que meticulosamente estabeleceu os 326 elementos que previsivelmente gerariam um negócio de sucesso!

INOVAÇÃO DO PLANEJAMENTO À AÇÃO

Com base em nossas experiências de campo e pesquisas, desenvolvemos uma ferramenta que utilizamos em nossas atividades de investimento para avaliar ideias (o conjunto total de ferramentas é exibido no Apêndice A). Ele apresenta 18 áreas separadas, com afirmações fundamentadas que indicam os níveis "fraco", "médio" e "bom".

A avaliação começa com o exame da essência da ideia. Além das áreas obvias, tais como se há de fato uma demanda de mercado, uma solução interessante para essa necessidade e um modelo econômico atrativo, outras áreas investigam se há um caminho de partida claro, uma trajetória para expansão e um bom plano para mitigar os principais riscos da ideia (tópico esse discutido mais detalhadamente nos próximos capítulos).

O próximo conjunto de perguntas avalia a equipe. Muitos investidores de risco dizem apoiar uma equipe A com uma ideia B em relação a uma equipe B com uma ideia A. Pesquisas acadêmicas efetivamente sugerem que a seleção da indústria ou do mercado importa mais do que a equipe, mas é claro que a qualidade e a experiência da equipe desempenham um papel muito importante.

Damos atenção especial a dois fatores relacionados com a equipe. O primeiro é a experiência relevante que ela possui. De 2007 a 2009, o braço de empreendimentos da Innosight incubou uma ampla faixa de oportunidades de negócios. A maior parte desse trabalho foi feita por não especialistas inteligentes, muitos dos quais adquiriram suas primeiras experiências em nossas atividades de consultoria. Eles apresentaram ideias que pareceram interessantes a executivos com falta de conhecimento contextual. Por exemplo, uma ideia era um modelo para melhorar a logística agrícola na Índia. Trata-se de um enorme problema – especialistas estimam que cerca de um terço das frutas e legumes estragam devido à ineficiência da cadeia de suprimentos. No entanto, quando a equipe se aprofundou nos estudos, começou a en-

Avaliar

contrar obstáculos, que pessoas com maior *expertise* na área poderiam ter antecipado. Como um membro da equipe disse, "Mesmo sem nosso modelo 'brilhante', as pessoas haviam encontrado uma solução para o problema". Outra equipe liderada por um americano e um indonésio tentou construir um canal de distribuição na Índia. A equipe era inteligente e dedicada, mas perdeu tempo e dinheiro lidando com desafios que um profissional com conhecimento da indústria e do mercado teria antecipado.

Excesso de *expertise* pode ser uma maldição, mas escolher entre alguém com aptidões específicas e um generalista sem competências particulares deve ser cuidadosamente considerado.

A segunda área de importância é ter uma equipe que pesquisa com afinco. Há o mito de que as inovações provêm de trabalhos individuais sob a luz de velas em um porão ou garagem. A realidade é que as inovações exigem uma equipe com habilidades complementares. Se ela não tiver isso, diminuem as chances de sucesso (O Capítulo 7 apresenta mais detalhes sobre as características específicas que indicam que um indivíduo está posicionado para avançar nos primeiros passos.)

O conjunto final de perguntas avalia a trajetória até os lucros. Essas questões são particularmente importantes para empresas que esperam participar de ecossistemas complexos que apresentam diversos compradores, usuários, influenciadores, fornecedores etc. Nessas circunstâncias, é importante garantir não haver gargalos que possam deter boas ideias. O livro *The Wide Lens*, de Rod Adner, apresenta uma série de ferramentas úteis para fazermos análises mais detalhadas de negócios que competem nessas circunstâncias.

Utilizamos a lista de controle do Apêndice A sempre que consideramos investir em uma ideia. Não há nenhum limiar mágico que uma ideia precise cruzar; o ponto de avaliação é para nos ajudar a determinar o que necessita ser estudado com maior profundidade e fornecer orien-

INOVAÇÃO DO PLANEJAMENTO À AÇÃO

tação à equipe de gestão sobre onde eles devem focar em suas próximas atividades.

Análise Financeira

Adoradores de planilhas, alegrai-vos!! Estamos finalmente no estágio do livro em que sua perspicácia financeira será útil.

Afinal, uma ferramenta de avaliação muito comum – e frequentemente útil – (particularmente em organizações de grande porte) é a análise financeira detalhada.

Começaremos elogiando os profissionais bem-sucedidos em finanças. Se a função financeira desempenhasse um papel em um filme sobre inovação, ela seria o vilão vestido de preto de bigode retorcido. Quando eles controlam os cofres corporativos, suas exigências por uma comprovação convincente antes de liberar preciosos dólares (ou equivalente) torna quase impossível que certas ideias sigam em frente. As finanças serem o bode expiatório não é realmente justo. Ela acelera a inovação sob diversos aspectos. Os gestores financeiros parcimoniosos são, na realidade, um dos melhores amigos das inovações. Afinal de contas, como diz o velho ditado: "A necessidade é a mãe da invenção". A abundância pode prejudicar as inovações retardando-as ou tornando-as inflexíveis. A criação de modelos financeiros detalhados também fornece um rico veículo para o aprendizado, pois força os inovadores a responder as seguintes perguntas:

- Como, precisamente, faremos dinheiro ou receitas?
- Quais serão os custos unitários envolvidos na transação?
- Que despesas fixas serão exigidas para se criar um negócio com escala?
- Como os lucros se traduzirão em fluxo de caixa livre?

Responder a essas perguntas pode revelar oportunidades para modelos de negócio inovadores, tais como novos modelos de precificação, esquemas de financiamento ou mecanismos de gestão de inventários. Com mais frequência que o esperado, esses alavancadores de modelos de negócios são componentes críticos de empresas sustentáveis. As respostas a essas perguntas também ajudam a destacar premissas subjacentes que são facilmente negligenciadas até que uma planilha detalhada seja completada.

Certamente, é preciso uma dose de cautela quando construímos modelos financeiros. Planilhas complicadas para apoiar uma ideia podem fornecer ótimas reflexões, mas exigem um esforço muito grande, e é muito fácil ficar perdido no meio de uma planilha assim. O estatístico George E. P. Box certa vez escreveu: "Todos os modelos são errados, mas alguns deles são úteis". Se o seu modelo financeiro estiver repleto de premissas, procure torná-lo o mais simples possível. Muitos inovadores gastam horas aperfeiçoando uma planilha apenas para serem inundados por questões que exigem análise e retrabalho substanciais. A verdade é que as planilhas precisam ser elaboradas para novas ideias.

Scott Cook é presidente e cofundador da empresa de software Intuit, uma companhia multibilionária que comercializa o Quicken, QuickBooks, TurboTax e uma série de outras soluções. A empresa é regularmente reconhecida como uma das mais inovadoras do mundo. O que um bilionário, que fez fortuna trazendo disciplina a indivíduos e a gestores financeiros de pequenos negócios, diz sobre o valor das planilhas na inovação?

"Dizemos a nossas equipes inovadoras para não fazerem previsões de volumes", afirma Cook. "Não façam uma planilha com previsões de volumes, pois eles são imprevisíveis. Você realmente não consegue saber. Então, por que perder tempo apresentando números falsos que são desconhecidos? O departamento financeiro pode solicitá-los, então perca cinco minutos, faça algo rapidamente, mas a liderança não deve

INOVAÇÃO DO PLANEJAMENTO À AÇÃO

focar nesses números. Eles estão errados e você apenas não sabe em que direção."

Novamente – este é um homem que ficou rico vendendo software para ajudar pessoas e empresas a gerir suas finanças dizendo às pessoas para não fazerem previsões financeiras! A perspectiva dele é extrema, e talvez até perigosa se você é um empresário ansioso para levantar capital com investidores financeiramente sofisticados, mas não deixa de ser instrutiva. Uma razão por que Cook sugere que as pessoas gastem pouco tempo com números é sua própria experiência. Em um memorável artigo de 2006 na *Business Week*, ele fez uma citação: "Para cada um de nossos fracassos, temos planilhas que pareciam maravilhosas". Infelizmente, não é possível remunerar monetariamente uma planilha. Assim, certifique-se de que sua análise financeira foca mais em revelar e documentar premissas-chave do que em estimular uma resposta que represente nada mais que a relação matemática entre números "fabricados".

Lembre-se, ainda, de que o modelo de negócio de uma empresa geralmente está registrado em suas ferramentas financeiras. Se você trabalha em uma corporação de grande porte e utiliza um gabarito previamente preenchido, poderá haver dezenas de premissas ocultas que têm perfeito sentido para a atividade básica, mas que podem provocar problemas para novas atividades. Por exemplo, alguns anos atrás, uma empresa famosa de embalagem de bens de consumo introduziu um dispositivo de alto custo. As projeções financeiras pareciam ótimas. Mas quando a empresa começou a vender o dispositivo foi encontrado um problema. Se o consumidor compra um tubo de pasta de dente, e não gosta do sabor ele a joga no lixo. Se compra um dispositivo de 200 dólares e decide que não gosta dele, uma porção significativa irá devolvê-lo. O modelo da empresa implicitamente assumiu que na prática não há retornos – e quando essa hipótese comprova ser falsa...

Avaliar

Com essas advertências em mãos, o texto a seguir detalha quatro técnicas financeiras que podem trazer clareza às incertezas mais críticas de uma ideia. Elas variam desde cálculos simples, que podem ser feitos em menos de uma hora, a técnicas mais sofisticadas que exigem softwares especializados (mas não de difícil utilização).

1. Calcule os 4 Ps de sua Ideia

A primeira técnica envolve desenvolver um modelo que caberá no verso de um envelope ou de um guardanapo. Eu sou parcial no que denomino de um cálculo dos 4 Ps – um cálculo rápido que combina público-alvo, preço planejado, periodicidade esperada de compra e penetração necessária para atingir um patamar de receita identificado – fornecendo um meio rápido de confirmar a sensatez de uma ideia e conseguir informações para o seu modelo de negócio.

1. Ela inicia com a resposta desejada que você já determinou. Por exemplo, alguns anos atrás a Innosight estava considerando a criação de uma nova oferta; proveria material de treinamento a empresas que procuravam ajudar gerentes juniores e plenos a desenvolver aptidões inovadoras. Decidimos que precisávamos de 6 milhões de dólares de receita para investigar a ideia.

2. Com a resposta em mãos, determine a quantidade de potenciais clientes. Defina-a da forma mais estrita possível – sem usar coisas do tipo "se conseguirmos obter 1 dólar de cada consumidor indiano...". A Innosight assumiu que haveria cerca de mil empresas que se preocupavam suficientemente com inovação para investir em treinamento extensivo, e que essas empresas individualmente treinariam mil gerentes, configurando um público-alvo de 1 milhão.

INOVAÇÃO DO PLANEJAMENTO À AÇÃO

3. A seguir, avalie o preço de sua oferta. A Innosight assumiu que cobraria 100 dólares pelos materiais de treinamento.

4. Depois, avalie a frequência de compras. Essa é uma compra pontual? Um bem consumível que as pessoas compram algumas vezes ao ano? Ou um aluguel que essencialmente trata-se de uma compra diária? Para o nosso material de treinamento, assumimos que uma empresa o compraria a cada três anos, de modo que calculamos 0,33.

5. Finalmente, calcule a penetração necessária para atingir seu alvo. A resposta em nosso caso era de 18%. Esse é um número muito alto, que levou a questões imediatas, como: O preço pode ser mais alto? Estamos sendo muito conservadores sobre a fatia de mercado? Podemos cobrar uma taxa inicial ou criar um fluxo corrente de receitas? Ou simplesmente ele não vale isso?

FIGURA 3-1

Cálculo dos 4 Ps para a ideia de treinamento da Innosight

Meta de receita em condições estáveis	$ 6 mil	Assegure que a organização está alinhada a um número estável que seria atrativo.
A. Público-alvo	1 milhão	Defina da forma mais estrita possível o que constitui seu "cliente dos sonhos".
B. Preço da transação	$ 100	Quanto o cliente pagará pela transação? Que dados suportam isso?
C. Periocidade de compras	0,33	Quantas compras haverá ao ano?
Penetração necessária	18%	Resolva isso dividindo a meta de receita por A × B × C

Esse sólido aprendizado consegue-se com um exercício de 5 minutos! A Figura 3-1 resume essa análise.

Pensar sobre público-alvo, preço, periocidade de compras e penetração necessária leva apenas alguns minutos, mas fornece ricas noções sobre a viabilidade de nosso modelo de negócio.

2. Crie uma Tabela de Pontos de Sensibilidade com Duas Variáveis

Essa abordagem concentra-se em duas variáveis críticas no modelo econômico (que poderiam muito bem ser preço, penetração, público-alvo ou periocidade de compras) e examina como os resultados variam com base nas mudanças de cada variável. Ela, de modo geral, serve como um método útil para obter uma visão aproximada ou resumida de quão grande a ideia pode ser e pode servir como verificação inicial sensata para confirmar se é viável atingir as metas financeiras.

Apresento a seguir como utilizamos a técnica para ajudar um fabricante de geladeiras indiano a abordar seu mercado de uma nova maneira. Alguns anos atrás, a Godrej & Boyce estava tentando encontrar um meio de competir mais efetivamente contra gigantes multinacionais, como Samsung, General Electric e Whirlpool. Uma análise rápida do mercado indiano mostrou que apenas cerca de 20% das famílias realmente possuíam geladeira. Uma parcela dos 80% restantes nem mesmo possuía dinheiro suficiente para inclusive sonhar em ter uma geladeira, mas uma parcela considerável da classe emergente tinha outras limitações. Talvez vivessem em um local em que não dispunham de energia elétrica confiável (é comum em grandes cidades indianas a população ficar até oito horas por dia sem energia). Ou morassem em casas pequenas demais para acomodar uma geladeira tradicional. Para atingir esse mercado, faria sentido criar um produto menor, de custo mais baixo e que pudesse ser acionado por bateria?

INOVAÇÃO DO PLANEJAMENTO À AÇÃO

Quando a equipe procurou responder a essa questão, a gerência se perguntou se a oportunidade de mercado era suficiente para justificar o investimento. Construímos uma tabela de pontos de sensibilidade simples que mostrava o relacionamento entre penetração na família, preço unitário e receitas. Esse cálculo levantou outras incertezas, mais notadamente a porcentagem de famílias de não consumidores que poderia realmente ser alvo e o grau para o qual as famílias realmente tinham poder de compra suficiente para suportar os preços desejados.

Esses pontos desconhecidos poderiam ser reduzidos por mais estudos e alguns testes de transação dirigida. A Godrej finalmente fez programas pilotos com o produto sob o nome de ChotuKool em 2009. Pilotos bem-sucedidos levaram à expansão nacional em 2011, pavimentando o terreno para uma linha inteira de produtos mirando a classe média indiana emergente.

3. Elabore um Demonstrativo Financeiro Reverso

Um dos artigos mais realistas publicados pela *Harvard Business Review* nos últimos vinte anos é o clássico "Discovery-Driven Planning", de 1995, escrito por Rita Gunther McGrath e Ian MacMillan. Esse artigo antecipou a noção de que, quando há muitas premissas e pouco conhecimento, os inovadores devem seguir uma abordagem diferente de planejamento. Um componente-chave é o que McGrath e McMillan deram o nome de *demonstrativo financeiro reverso*. Visualmente ele se parece com uma arvore de decisão. No lado esquerdo da página, há um único campo com a resposta – o lucro desejado que uma empresa deve gerar ou sua receita. A próxima coluna divide essa resposta em mais de três variáveis. A outra coluna divide essa resposta em no máximo três variáveis, e a coluna seguinte divide cada um dos campos em no máximo três variáveis etc.

Considere a atividade de treinamento da Innosight descrita anteriormente. Embora o cálculo dos 4 Ps comece com uma meta desejada

Avaliar

de receita, seu demonstrativo financeiro reverso começa com uma meta de lucro. Nesse caso, imagine que esperássemos gerar 3 milhões de dólares em lucros anualmente, com margens de no mínimo 50%. À direita seriam receitas e custos. Uma margem-alvo de no mínimo 50% indica que a menor receita aceitável seria 6 milhões de dólares, e haveria 3 milhões de dólares em custos admissíveis. À direita das receitas seria o número de clientes e as receitas anuais por cliente. As receitas por cliente poderiam ser ou taxas iniciais ou receitas com materiais. A receita de materiais deveria ser uma função do número de alunos por empresa e a taxa de materiais por aluno. Um custo-chave seria o dos gerentes de conta que, individualmente, poderiam controlar um certo número de empresas.

A Figura 3-2 exibe o demonstrativo financeiro reverso para a nossa atividade de treinamento na prática. Os campos em cor cinza são afirmativas ou hipóteses. Supondo quantos alunos por empresa poderíamos obter (neste caso, mil) e assumindo quantas empresas cada gerente de conta poderia lidar, podemos ver quantas empresas precisaríamos servir, o número de gerentes de contas que necessitaríamos, e qual o montante "repassado" para o marketing e outras atividades (neste caso, 2 milhões de dólares). Há muitas hipóteses subjacentes à análise, mas ver os resultados com uma lógica simples pode ser muito útil.

Uma árvore como essa pode ficar muito complicada, mas ela oferece uma visão útil do negócio. Preencher alguns dos campos da árvore envolverá nada mais do que suposições refinadas, mas ver como essas suposições fluem por um negócio pode ajudar a destacar as incertezas. Nossa árvore levantou questões como:

- Quantas pessoas a empresa realmente desejará treinar?
- Quanto as empresas de treinamento cobram pelos materiais?
- Quantas pessoas necessitaremos para vender os serviços?
- Quanto espaço teríamos para as atividades de marketing?

INOVAÇÃO DO PLANEJAMENTO À AÇÃO

Figura 3-2

Demonstrativo financeiro reverso para a atividade de treinamento da Innosight

❶ Ao estimar que cada empresa treinará mil alunos
❷ A receita total por empresa seria $ 200 mil
❸ O que implica servir 30 empresas para atingir a meta de receita
❹ Isso implica ter 5 gerentes de conta
❺ Com um custo total de $ 1 milhão
❻ Deixando $ 2 milhões para o marketing e demais despesas fixas

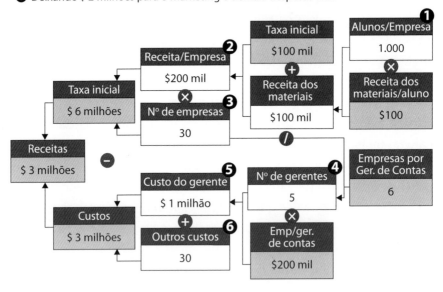

4. Crie uma Simulação

O mundo dos negócios é complexo, dificultando a modelagem de atividades aparentemente simples. Os negócios podem ser afetados por uma série de fatores externos. Podem existir complicados retornos circulares capazes de afetar um ótimo negócio. O momento pode fazer uma grande diferença. Apresentar uma única estimativa pontual para um fator tal como as vendas unitárias num universo tão complicado parece totalmente inadequado. Felizmente, há ferramentas relativamente simples

Avaliar

para ajudar a análise financeira diante dessa incerteza. Um método popular é conhecido como a simulação Monte Carlo. Essencialmente o modelo Monte Carlo roda milhares de simulações, e cada simulação modifica aleatoriamente uma variável de acordo com uma distribuição de entrada. Por exemplo, uma variável poderia ser *binária*, significando que as porcentagens do tempo oscilam entre um e zero. Outra poderia ser distribuída uniformemente entre cinco resultados diferentes. Uma terceira poderia seguir uma curva clássica senoidal. Complementos do Microsoft Excel, como o Crystal Ball, tornam o processo relativamente simples.

Utilizamos a técnica quando prestávamos assessoria a uma equipe na Procter & Gamble há cerca de dez anos. A equipe estava trabalhando em uma nova solução probiótica que prometia restaurar o equilíbrio digestivo para pacientes que sofriam, por exemplo, da síndrome do intestino irritável. A equipe parecia ter todos os ingredientes de um negócio bem-sucedido. Tinham uma solução própria, licenciada por uma universidade irlandesa. Eles visavam a um problema premente dos pacientes para o qual não havia boas soluções. Para ser efetivo, o produto deveria ser ingerido todos os dias, gerando um modelo de negócio financeiramente atrativo. No entanto, a pesquisa inicial de mercado feita por uma terceira parte sugeria que a demanda era muito baixa para justificar um futuro investimento. Nosso objetivo era identificar as premissas financeiras mais críticas para argumentar com a gestão que um modelo relativamente modesto mostraria que a pesquisa de mercado estava errada.

Nosso modelo financeiro tinha somente cinco variáveis:

- Público-alvo total.
- Porcentagem desse público que testaria o produto uma vez ("teste").
- Porcentagem das pessoas que testaram o produto uma vez e que repetiriam ("repetição").

INOVAÇÃO DO PLANEJAMENTO À AÇÃO

- Número de compras repetidas por repetidor ("compras repetidas por repetidor").
- Preço por transação.

Embora estivéssemos muito certos sobre o público-alvo total e tivéssemos uma boa noção sobre quais seriam os preços, o teste, a repetição e as compras repetidas por repetidor não passavam de boas suposições. Felizmente, graças ao rico banco de dados da P&G, poderíamos ao menos obter algumas ligações para cada variável e fazer suposições razoáveis sobre a distribuição potencial e a relação entre elas (por exemplo, quanto maior a taxa de repetição do teste, as compras repetidas por repetidor seriam mais altas, pois isso indicava que o produto realmente foi aceito pelos usuários). A Figura 3-3 exibe os resultados de uma simulação preliminar do modelo.

A iniciativa gerou duas visões. Primeira, embora houvesse uma porção de cenários em que o produto era um fiasco, havia também vários cenários em que ele era um grande sucesso. O amplo mercado, o potencial para um alto índice de compra repetida e um preço razoável criaram circunstâncias em que os benefícios poderiam ser muito amplos. Segunda, as compras repetidas por repetidor era a variável da qual dependia o sucesso. Se esse número fosse suficientemente alto, até uma penetração relativamente baixa suportaria um negócio de tamanho adequado. A equipe usou os dados para fazer a gestão investir em um ensaio de pequena escala no mercado para descobrir com que frequência as pessoas que efetivamente experimentaram o produto o comprariam novamente. Resultados positivos finalmente levaram a um aumento do investimento, e ao lançamento integral do produto – sob o nome de Align – nos Estados Unidos em 2010.

FIGURA 3-3
Simulação preliminar do modelo Monte Carlo para a solução probiótica da P&G

Previsão: B5 **Célula: B5**
Resumo:
A faixa de exibição é de $ 1.596.467 a $435.702.128
A faixa total é de $1.050.841 a $688.755.205
Após 10 mil tentativas, o desvio-padrão da média é $856.875

Dados Estatísticos	Valor
Tentativas	10.000
Média	$216.849.383
Número médio	$212.411.506
Modo	---
Desvio-padrão	$85.687.527
Variância	7E +15
Assimetria	0,34
Curtose	3,21
Coef. de Variabilidade	0,40
Mínimo da Faixa	$1.050.841
Máximo da Faixa	$688.755.205
Largura da Faixa	$687.704.364
Desvio-padrão médio	$856.875.27

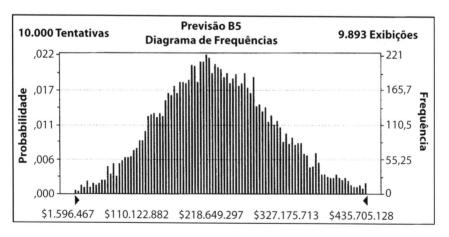

Encenação

O terceiro método a ser usado para avaliar uma ideia é simples, mas poderoso. Ele envolve a listagem de todos os principais interessados em uma ideia e a encenação de como eles a experimentam. Encene um vendedor falando com o cliente, uma conversa com o fornecedor ou até como você convenceria um gerente resistente a investir na ideia. Uma realidade que os inovadores normalmente negligenciam é que as pessoas não fazem o que não faz sentido para elas.[7] Examinar uma ideia de outras perspectivas pode ajudar a revelar previamente elos fracos.

A outra vantagem dessa técnica é ajudar você a melhorar a habilidade de vender sua ideia. Não se engane: todo inovador é, em sua essência, um ótimo vendedor. O *The Little Black Book of Innovation* mostra como os inovadores precisam:

- Convencer os clientes a comprar algo que nunca compraram antes.
- Fazer gerentes céticos investirem em algo diferente.
- Abrir o coração de investidores avarentos.
- Insistir com amigos ou parceiros de trabalho para entrarem em um negócio subsidiado cuja estatística sugere que fracassará.
- Tentar convencer um departamento reticente a liberar recursos.
- Estimular a equipe a continuar seguindo quando, inevitavelmente, surgem más notícias.

Se você está "empacado", comece analisando uma única transação em que um cliente consome um produto ou serviço e o dinheiro é trocado. As transações podem ser simples: um encanador visita a minha casa, gasta uma hora arrumando uma torneira gotejante, e eu pago a ele

---

[7] Desculpem pela frase com um duplo negativo intencional.

uma taxa por hora de serviço. Ou elas podem ser enlouquecedoramente complicadas algumas vezes.

Imagine preencher um pedido de seguro ou pedir reembolso por um procedimento médico. Em ambos os exemplos, cadeias complicadas de atividades inter-relacionadas se reúnem para fazer ocorrer a transação. Se houver o rompimento de qualquer elo da corrente, então a transação não ocorrerá.

Mensagens Importantes deste Capítulo:

1. Avalie uma ideia sob várias perspectivas para obter uma noção de seus pontos fortes, fracos e incertezas.
2. Utilize técnicas de modelagem financeira, mas lembre-se de que uma planilha fantástica e um negócio fantástico são coisas distintamente diferentes.
3. O objetivo não é tomar uma decisão, mas descobrir pontos desconhecidos que precisam ser abordados.

CAPÍTULO 4

Focar

Embora o resultado final da inovação possa ser assustadoramente simples, o processo não é. Fazer dezenas de coisas trabalharem juntas pode pressionar o inovador mais experiente. O segredo para acelerar nos primeiros passos é focar nas *incertezas estratégicas* que têm grande potencial para descarrilhar o processo, mas pode servir como a espinha dorsal de uma estratégia sustentável. Este capítulo fornece mais informações sobre os diferentes tipos de incertezas estratégicas, e depois descreve como priorizar as mais críticas.

Primeiro, uma definição. O dictionary.com afirma que *incerto* é "algo incapaz de ser confiável; desconhecido ou indefinido". O *incerto* contrasta com o *fato*, que segundo o mesmo dicionário é definido como "algo que efetivamente existe; realidade; verdade".

Incertezas e *fatos* são claramente diferentes – fatos aconteceram; incertezas podem acontecer – mas os dois são de modo geral confundidos. Como um exercício simples, examine as cinco sentenças seguintes e rapidamente avalie se elas são fato ou não:

1. Nossas receitas cresceram 12% no ano passado.
2. Minha esposa ficará feliz se eu levar flores para ela.
3. A população da China é de 1,351 bilhão
4. Se aumentarmos os preços, nosso volume diminuirá.
5. A demanda por seu produto será baixa, pois poucos consumidores disseram que o comprariam quando perguntados.

INOVAÇÃO DO PLANEJAMENTO À AÇÃO

A primeira sentença parece um fato bastante sólido, mas pressupõe que seu departamento contábil fez seu trabalho ou que não haverá nenhum evento futuro que faça você reavaliar a receita passada. A segunda é uma hipótese (embora a experimentação tenha validado que ela é verdadeira na maior parte do tempo).

A terceira é um fato, mas depende se você confia nas estatísticas governamentais. Os executivos normalmente classificam a quarta sentença como um fato, mas às vezes ela é verdadeira e outras não. A quinta parece um fato, pois o pesquisamos, mas na realidade (como discutido a seguir) o que as pessoas *dizem* que farão e o que *efetivamente* fazem são com frequência duas coisas diferentes.

A realidade é que o mundo dos negócios contém muito menos fatos concretos do que gostaríamos. Um dos indicadores mais simples que aponta a incerteza é quando a frase começa com "eu acho". Por definição, qualquer nova ideia está repleta de incertezas estratégicas. Quando fazemos algo que praticamente não foi feito antes, teremos muitas incertezas.

Documentar e avaliar uma ideia são componentes vitais para as incertezas emergirem. Se você ainda não criou uma lista de incertezas-chave subjacentes a sua ideia, volte ao trabalho que fez nos capítulos 2 e 3 e faça-o agora. Elabore uma lista extensa, com pelo menos 50 incertezas.

Uma lista com mais de 50 itens pode ser difícil de processar. Portanto crie uma descrição visual das incertezas para identificar áreas que tenham maior impacto no negócio como um todo. Ferramentas de mapeamento mental simples podem ser boas maneiras de visualizar a relação entre as incertezas. Elas ajudam na próxima fase do processo: escolher as incertezas estratégicas mais críticas.

Como Priorizar Incertezas

Nosso livro *Inovação para o Crescimento* apresentava um diagrama para ajudar a explicitar as incertezas mais importantes a serem abordadas. O diagrama propõe duas perguntas:

1. Qual o seu grau de confiança na área?
2. Qual o impacto se você estiver errado?

Vamos tratar de cada pergunta.

Avaliando a Confiança

Estudos acadêmicos evidenciam que a maioria dos humanos não tem particularmente um bom entendimento sobre riscos e probabilidades (veja o Apêndice B para obter detalhes sobre as tendências que tornam os primeiros passos tão difíceis). Segundo esses estudos nós consistentemente:

- Exageramos nossa capacidade de controlar eventos ditados essencialmente pelo acaso.
- Exageramos nossa confiança na avaliação de resultados com faixas bem amplas.
- Subestimamos riscos.
- Ignoramos eventos "cisne negro" – raros, porém ocorrências de alto impacto.

A proposta do processo DAFT é ser o mais sincero possível sobre o que realmente é fato e o que é incerteza (ou, ocasionalmente, um desejo). Falando de modo geral, quanto mais se afasta de uma atividade central, menos se sabe e mais se assume. Embora, em geral, concordemos com essa declaração, a inclinação humana indica que, quanto menos se sabe, mais se subestima e, quanto mais se sabe mais se presume. A Figura 4-1 exibe isso graficamente. Embora as pessoas assumam que o conhecimento diminui, é assumido que essa trajetória é mais rasa do que a realidade. O resultado? Uma combinação fatal de falsa confiança em algumas áreas e de premissas perdidas em outras.

O livro *Inovação para o Crescimento* apresenta um teste simples e decisivo para avaliar a confiança a partir das respostas a estas perguntas: Qual a parcela de seu salário você estaria disposto a empregar? Estaria disposto a arriscar o salário de um ano? O salário de um mês? O de uma semana? Ou apenas o de um dia? Esse enquadramento faz as pessoas perceberem que não são tão confiantes quanto pensavam anteriormente.

A Figura 4-1 mostra outro modo de desenvolver um melhor conhecimento dos níveis reais de confiança em uma ideia. Ela representa as três questões-chaves introduzidas no Capítulo 2 (Há demanda? Você consegue entregar? Isso gera valor?) e fornece um método rápido de medir a confiança em cada área. Quanto mais você explora o lado es-

FIGURA 4-1

Quanto mais se avança, menos se sabe

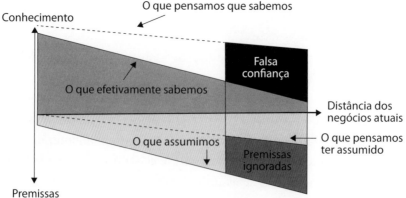

Focar

querdo da figura de cada área, maior a incerteza. O texto que se segue fornece uma explicação para cada célula da figura.

HÁ DEMANDA?

- **Dito**: Se um cliente disse que deseja algo, você sabe muito pouco se ele *realmente* quer algo, muito menos se pagará por isso. Colocado em termos mais diretos, as pessoas mentem, não porque são más e sim porque não sabem muito bem projetar comportamentos futuros. Muitas pessoas não conseguem lembrar o que comeram no café da manhã; o que elas dizem que farão no futuro em muitos casos não passa de uma suposição aleatória.

QUADRO 4-1

Quadro de certezas dos primeiros passos

Pergunta	Baixo	⟶	Grau de certeza	⟶		Alto
Há demanda?	Dito	Mostrado	Utilizado	Comprado	Repetido	Defendido
Você consegue entregar?	Sonhado	Desenhado	Prototipado	Pilotado	Entregue	Escala Dimensionado
Isso gera valor?	Modelo de envelope	Modelo de transação	Plano de negócio	Dados econômicos unitários validados	Linha de visão da rentabilidade	Negócio rentável sustentável

- **Mostrado**: Uma medida mais confiável da necessidade de um cliente é quando alguém já está gastando dinheiro ou tempo para resolver um problema. Este é um sinal de que o problema é, de fato, importante para ele.

- **Utilizado:** A confiança sobe quando um cliente tem a chance de efetivamente utilizar um novo produto ou serviço. Uma necessidade que ele não conseguia articular repentinamente torna-se clara assim que ele segura o produto, experimenta o benefício e continua a utilizá-lo.
- **Comprado:** Diz o provérbio: "O dinheiro fala mais alto". A confiança atinge o seu ponto de virada quando um cliente concorda em gastar seu árduo dinheiro" ou prefere adotar uma solução particular.
- **Repetido:** Certamente, para muitas ideias uma única compra não é suficiente para montar um negócio. Quando um cliente compra ou utiliza algo repetidamente, isso sinaliza que você atingiu uma necessidade profunda.
- **Defendido:** Conforme Fred Reiccheld demonstrou em seu clássico artigo "The One Number You Need to Grow" para a *Harvard Business Review*, um dos mais fortes testes decisivos de lealdade do cliente é a resposta a uma simples pergunta: "Qual a probabilidade de você recomendar isso a um amigo ou colega?" A paixão que alimenta essa defesa é o sinal significativo de uma ideia que atende uma necessidade muito profunda.

VOCÊ CONSEGUE ENTREGAR?

- **Sonhado:** Praticamente todas as ideias começam de uma forma relativamente bruta. Não há nada errado com isso, contanto que não se confunda sonho com realidade. Você deve encontrar meios de tornar seu sonho tangível.
- **Desenhado:** Um bom modo de saber a viabilidade de uma ideia é simplesmente desenhá-la num papel. Se for um serviço, ma-

Focar

peie o modo como o cliente o experimenta. Essa atividade simples pode, de modo geral, destacar elementos previamente ocultos que precisam ser conhecidos para se obter sucesso.

- **Prototipado**: Um protótipo funcional fornece uma mudança acentuada na confiança de que a entrega é possível. Os protótipos não são simplesmente para produtos físicos; você pode (e deve) fazer o protótipo de um serviço e, inclusive, de um modelo de negócio.
- **Pilotado**: Em condições controladas, certamente é mais fácil agir. Mas e quando você efetivamente introduz essa ideia no mercado? É quando aparecem os famosos "desconhecidos não conhecidos" rumsfeldianos.[*] Um piloto, ou teste controlado de mercado, aumenta ainda mais a confiança na viabilidade de uma ideia.
- **Entregue**: A próxima etapa além do piloto é começar a comercializar a ideia. Quando você entregou em condições "normais", passa a ter uma melhor noção da resposta competitiva e de problemas de longo prazo que são fáceis de ignorar em um piloto.
- **Dimensionado**: Ter êxito nos estágios iniciais é ótimo, mas você somente pode ficar inteiramente confiante sobre a viabilidade de uma ideia quando tiver promovido sua escala a mais clientes, em mais mercados.

ISSO GERA VALOR?

- **Modelo de envelope**. Os cálculos do potencial de uma ideia geralmente começam em um guardanapo ou no verso de um envelope. O espaço reduzido força formularmos equações matemáticas simples, que podem ser meios efetivamente proveitosos

---

[*] Contingências que Donald Rumsfeld, ex-secretário da defesa dos EUA, chamou de "desconhecidos não conhecidos" (unknow unknows) durante coletiva para a imprensa ao se referir à existência de armas de destruição em massa no Iraque, então controlado por Saddam Hussein.

INOVAÇÃO DO PLANEJAMENTO À AÇÃO

para se aprender sobre uma ideia (os cálculos dos 4 Ps descritos no capítulo 3 são o exemplo de um modelo breve e conciso), mas obviamente não devem ser a base de grandes investimentos.

- **Modelo de transação.** O próximo movimento é planejar os dados econômicos de uma transação individual. Quanto um cliente pagará? Quanto custará para criar aquilo que os clientes comprarão? Quem mais obterá uma cota? A análise de uma única transação começa a trazer clareza para os dados econômicos.

- **Modelo de negócio.** A maioria dos inovadores corporativos e muitos empreendedores estão familiarizados com modelos de negócios detalhados, planilhas que esmiúçam como uma ideia gera lucros e fluxos de caixa livres. Note que um modelo de negócio provavelmente ainda deixará você com nível de confiança relativamente baixo de que uma ideia tem seu valor. Afinal, um modelo de negócio simplesmente reporta uma série de relações matemáticas. Assim, é importante ir além das planilhas para ver como o negócio será na prática.

- **Dados econômicos unitários validados.** O primeiro momento crucial para a viabilidade econômica é quando um inovador desenvolve um entendimento consistente de como uma transação efetiva com dinheiro e pessoas reais funciona. Quando você conseguir vender seu produto por um valor superior ao seu custo de entrega, ou tiver um plano baseado no mercado de como obter custos suficientemente baixos (ou preços suficientemente altos) para cruzar esse marco, você está na trajetória do sucesso.

- **Linha de visão da rentabilidade.** É melhor ser extremamente rápido e atrair os clientes ou tentar consolidar um negócio rentável? A cada cinco anos, uma empresa executa uma estratégia de apropriação de território e obtém sucesso. Centenas delas executam a mesma estratégia e fracassam. Uma linha de visão da rentabilidade indica que um inovador poderia escolher entre ter um negócio rentável ou fazer investimentos para impulsionar o crescimento. Quando isso é mais uma escolha do que uma necessidade, significa que você está próximo de ter um grande progresso.

- **Negócio rentável sustentável.** Claramente, quando um negócio gera fluxos de caixa, ele passou no teste de que "gera valor"![8]

Embora todos os itens anteriores estejam enquadrados no contexto de uma ideia comercial, é muito fácil reestruturar qualquer um deles para melhorar um processo ou reduzir custos. Modelos incipientes e simulações iniciais fornecem diretrizes confiáveis, modelos sofisticados e dados iniciais de mercado melhoram essa confiança, mas exige-se um impacto demonstrado antes de você poder apostar que a ideia realmente gera valor.

A simplicidade da tabela de certezas dos primeiros passos certamente faz dela uma grande ferramenta para a discussão em equipe. Selecione uma experiência do Manual de Experimentos descrito no Capítulo 6, que o transportará até a direita da área em que seu conhecimento é baixo. Examine novamente o diagrama de três em três meses.

Avaliando o Impacto

Mantidas todas as outras condições iguais, você deve focar nas incertezas que mais impactam a viabilidade de sua ideia. Um artigo publicado na *Harvard Business Review* em 2010 pelo ex-sócio Matt Eyring e o consultor Clark Gilbert da Innosight (atualmente, CEO da Deseret News e da

---

[8] Como minha revisora favorita Lib Gibson observou: "Um pouco simplista. Sempre penso que a função de um bom CEO é explorar boas ideias de modo que os recursos livres persigam ótimas ideias. Assim, ser apenas rentável não quer dizer realmente que ela vale a pena". Um ponto sutil, mas realmente bom.

INOVAÇÃO DO PLANEJAMENTO À AÇÃO

Deseret Digital) destaca dois tipos particulares de incertezas que devem figurar no topo da lista de qualquer pessoa.

A primeira é a que Gilbert e Eyring chamam de *eliminadoras de negócio*. Essa incerteza arrisca todo o empreendimento. Por exemplo, uma incerteza arrasadora para uma empresa de equipamentos médicos seria obter a aprovação de órgãos regulatórios. Muitas dessas incertezas são probabilidades discretas – há uma probabilidade de que elas ocorrerão. Certifique-se de que você tem à disposição as ferramentas para mudar as probabilidades a seu favor. Por exemplo, quando uma empresa submete um novo medicamento à US Food and Drug Administration, o histórico de estatísticas sugere que certa porcentagem será aprovada e outra não. Além disso, o período de tempo dispendido varia. Uma empresa naturalmente deve estudar esses eventos passados para entender as chances reais de sucesso e o que pode influenciar o resultado. Esteja também atento aos eventos *cisne negro,* que podem ter baixa probabilidade de concorrência, mas têm consequências desastrosas. A outra categoria crítica de incerteza é a que Gilbert e Eyring denominam de *dependência da trajetória*, que afeta as opções estratégicas subsequentes. Se você criou um mapa mental ou um recurso visual dinâmico sistêmico de suas incertezas, a dependência de trajetória tende a ser áreas no gráfico que apresentam conexões com outros elementos. A escolha do cliente-alvo geralmente é uma dependência de trajetória crítica – o canal ao mercado, o modelo de preços, a metodologia de mercado entre outros, dependem vitalmente desse cliente-alvo. As dependências de trajetória são áreas que devem ser abordadas antecipadamente.

Como exemplo, em 2012, a Innosight explorou a possibilidade de criar uma nova empresa de produtos que poderiam ser usados em conjunto com seus serviços de consultoria. A ideia era que os clientes pudessem baixar uma ferramenta para ajudá-los na elaboração de demonstrativos financeiros reversos e na priorização de premissas, avaliar uma

Focar

estratégia incerta e inclusive avaliar suas próprias competências como inovador. Há dezenas de incertezas, mas várias que parecem ser *eliminadora de negócios* ou dependência da trajetória:

- *Eliminadora de negócios:* Podemos criar um produto convincente por menos de $250 mil.
- *Eliminadora de negócios:* Há demanda de mercado para produtos de suporte.
- *Dependência da trajetória:* Devemos começar com um produto de avaliação dirigido aos indivíduos que querem ser melhores inovadores.

Focamos, o máximo possível, na abordagem dessas três áreas à medida que movemos nossa ideia da fase de planejamento para a fase de testes.

FIGURA 4-2

Como priorizar incertezas

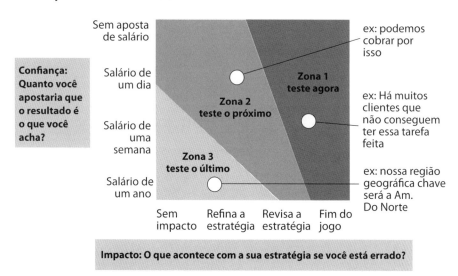

INOVAÇÃO DO PLANEJAMENTO À AÇÃO

Para agrupar os elementos discutidos nessa seção, mapeie as incertezas mais críticas em um diagrama como o ilustrado na Figura 4-2, com o impacto (baixo a alto) em um eixo, e a certeza (alta a baixa) no outro. Preste atenção especial ao quadrante superior-direito, em que a certeza é baixa e o impacto, alto. Não se preocupe muito com o quadrante inferior-esquerdo. Considere um terceiro filtro – qual a complexidade de se aprender mais? Procure testar áreas que você pode abordar de forma rápida e barata. Isso pode significar tratar uma incerteza menos crítica se você consegue eliminá-la facilmente. Você poderia, com um grau de apreensão, deixar os pontos desconhecidos mais críticos para depois se abordá-los parecer muito oneroso e se há outras incertezas potenciais que podem desencaminhar ou influenciar o negócio.

Se você tiver uma orientação mais quantitativa, monte uma planilha simples que atribui a um valor numérico a cada área (números baixos para baixo impacto, alta certeza e testes caros; números altos para impactos maiores, menos incerteza e testes mais baratos). Multiplique os números do impacto e da certeza, some ao número de complexidade do teste e foque nos números mais altos. Jamais seja escravo dos números – se o instinto lhe informa que algo com baixa pontuação na realidade é criticamente importante, adicione-o à sua lista de incertezas sob foco.

Chaves para o Sucesso

O estágio do foco no processo DAFT é decisivo, pois funciona como um meio de sintetizar os dois estágios anteriores e determina o que você fará no estágio final. Nesse estágio é fácil cometer erros. Para maximizar a produtividade aqui, lembre-se de três fatores críticos para o sucesso:

Focar

1. Foque em poucas coisas. Quando tudo é importante, nada é importante. O resultado final do estágio do foco deverá ser uma lista de, no máximo, seis incertezas específicas. E, de maneira ideal, essa lista realmente se reduz a uma ou duas questões críticas. Não há nada de errado em ter uma lista de observação mais longa que a monitorada regularmente para ver se há mudanças, mas se você não focar nas iniciativas, torna-se muito fácil se afogar na complexidade.

2. Faça o seu dever de casa. Lembre-se de que a maioria dos seres humanos exagera na confiança em áreas incertas. Mantenha-se atento a dados que aumentem a confiança de que algo que você pensa que é um fato seja, realmente, um fato. Considere especificamente alguns dos experimentos "se você tem uma hora" descritos no Capítulo 6, tais como conduzir pesquisas na Web sobre esforços comparáveis ou conversar com especialistas do tópico em questão.

3. Envolva pessoas externas. Nossos cérebros podem ser nossos maiores inimigos quanto a fazer avaliações realistas da certeza. Um modo para superar essa limitação é assegurar que pessoas não envolvidas participem do processo. Embora talvez não tenham *expertise* em todos os elementos de sua ideia, elas podem oferecer perspectivas fundamentadas que ajudam a manter o processo honesto. De fato, essa ausência de *expertise* pode ajudá-los a encontrar uma solução criativa que você ainda não considerou. Procure especificamente pessoas com boa intuição para inovações, tais como empreendedores experientes ou investidores em capital de risco.

INOVAÇÃO DO PLANEJAMENTO À AÇÃO

Mensagens Importantes deste Capítulo:

1. Não somos muito bons na avaliação acurada de incertezas – seja humilde ao avaliar o quanto realmente sabe.
2. Utilize a tabela de certezas dos primeiros passos para obter uma visão fundamentada do grau de confiança que se deve ter sobre a consistência de sua ideia.
3. Nem todas as incertezas são as mesmas – preste particular atenção à eliminadora de negócio e dependente da trajetória.

CAPÍTULO 5

Testar, Aprender e Ajustar

A parte final do processo DAFT é a mais importante – o desenho e a execução de testes ou experimentos, para abordar as incertezas mais críticas. O desenho e a gestão de experimentos podem ser desconhecidos por muitos executivos. Contudo, ao longo de séculos, cientistas aprimoraram uma particular abordagem para administrar as incertezas. Em sua essência, o chamado método científico é simples. Ele começa com o problema que se deseja investigar. A seguir, é formulada uma hipótese para se fazer uma previsão relacionada à ela. Então, desenha-se um experimento para testar a previsão. Verifica-se um meio para medir o experimento. Depois, se conduz o experimento e se analisa os resultados. O método envolve o ceticismo saudável, com alta carga de prova requerida para rejeitar a suposição nula de que a hipótese, de fato, é falsa e exige uma dose de repetição antes de os resultados dos experimentos serem aceitos.

Embora cada experimento tenha suas nuances, o texto que se segue detalha seis itens-chave para o desenho e a execução bem-sucedida de experimentos. Os quatro primeiros abordam o desenho e a formação de equipes, e os dois últimos detalham como extrair aprendizado e tomar decisões apropriadas. O capítulo termina com um estudo de caso mostrando esses princípios na prática; o Capítulo 6 fornece uma orientação mais detalhada em torno de uma dezena de experimentos específicos.

INOVAÇÃO DO PLANEJAMENTO À AÇÃO

1. Mantenha Equipes Pequenas e Focadas

Todos nós sabemos que equipes pequenas geralmente se movem mais rápido do que equipes grandes, mas as empresas de grande porte frequentemente abafam iniciativas de crescimento por atribuírem aos funcionários funções que espelham a atividade principal. É tentador fazer isso, pois em grandes corporações inundar uma equipe com recursos sinaliza a sua importância publicamente, atraindo estrelas que relacionam sua importância à faixa de recursos que controlam ou influenciam. No entanto, rapidamente se instala uma certa complexidade. O representante legal, por exemplo, identifica uma série de propriedades críticas – intelectual e regulatória – das áreas afins. O profissional de marketing que geriu milhares de grupos de análise começa a organizá-los por todo o país. O representante começa a lidar com um plano para a sua aprovação em todos os cinquenta estados americanos. O trabalho envolvendo muitas questões simultâneas desacelera drasticamente o progresso.[9]

Por exemplo, fui assessor de uma equipe que tinha 13 membros, incluindo representantes do departamento jurídico, marketing e suprimento de produtos. O gerente da equipe corajosamente tinha de costurar um plano complicado para conseguir aprovações regulatórias em vários países, um plano de lançamento detalhado e a avaliação de uma série de fornecedores. As reuniões do projeto se estendiam durante horas

---

[9] Há um termo preciso para esse problema: *Penrosian Slack*. O nome deriva de um livro enigmático dos anos 1950, de Edith Penrose, intitulado *The Theory of the Growth of the Firm*. A menos que você tenha uma inclinação acadêmica, evite ler esse livro – Penrose tinha um estilo literário particularmente denso, inacessível. Mas há um dogma que ajudou a estimular o que agora se conhece como visão baseada nos recursos da firma, que em essência defende que a estratégia não influencia a alocação de recursos; o modo como os recursos são alocados determina a estratégia. Penrose argumentava que era possível identificar a estratégia futura de uma empresa determinando a sua capacidade ociosa, pois ela sempre fica completa. Desse modo, uma linha de produção ociosa começa a operar, um vendedor com tempo disponível começa a fazer contatos de vendas etc. O preenchimento dessa capacidade impulsiona a estratégia da empresa em uma dada direção.

a fio, pois os representantes de cada função relatavam os seus progressos e a equipe debatia cenários interminavelmente. Lembre-se – isso era antes de ficar claro que o produto no qual trabalhavam era tecnologicamente viável. Não foi surpresa a gerência sênior reclamar do ritmo lento da equipe. Os representantes do jurídico, do marketing e do suprimento de produtos estavam executando suas funções, mas o esforço em vão desacelerou drasticamente a equipe do projeto.

Compare essa equipe de 13 pessoas com a maioria das *startups*, em que um time muito pequeno invade os problemas mais críticos enfrentados pelo negócio. A equipe descobre soluções adequadas para outros problemas menos críticos ou os adia para tratá-los posteriormente no processo. Afinal, não há necessidade de se resolver questões regulatórias de vários países quando não se consegue demonstrar a demanda básica para o produto. Durante muitos anos fiz trabalho *freelance* como diretor-financeiro da Innosight e eu não tinha as competências requeridas para a função em uma organização de grande porte, mas era adequado (para o suporte de membros-chave da equipe) na fase inicial da empresa.

Equipes pequenas têm suas desvantagens. Por definição, uma equipe pequena não pode ter a faixa de competências de uma equipe grande. Isso significa uma inclinação para pessoas cujas habilidades se pareçam com um "T". Ou seja, elas têm habilidades profundas em determinada área e também uma ampla série de habilidades que podem ajudar em uma série de problemas. Procurando profissionais com esse perfil? Peça a um pequeno grupo de pessoas para destacar as habilidades que possuem, e que seus colegas podem desconhecer. É surpreendente como até pessoas que tenham trabalhado juntas por muitos anos não conhecem as habilidades de seus colegas!

Se a necessidade é, de fato, a mãe da invenção, a escassez é sua parteira. Jeff Bezos, da Amazon, sugere uma regra prática para o tamanho das equipes "forme uma equipe suficientemente pequena que

INOVAÇÃO DO PLANEJAMENTO À AÇÃO

possa ser alimentada com duas pizzas. Se precisar de mais duas pizzas, reduza o tamanho da equipe para que ela possa se mover com mais agilidade.

Equipes enxutas aceleram nos primeiros passos da inovação, focando nas incertezas mais críticas. É natural aprender o máximo possível sempre que se executa um experimento. Assim, ao testar um conceito com consumidores, é preciso visar ao entendimento da sensibilidade de preços, eficiência do mercado, dinâmica da cadeia de suprimentos, estratégias de serviços pós-vendas, design de embalagem etc. O problema é: quanto mais se tenta aprender de uma vez, mais difícil é determinar o que realmente se aprendeu. Focar em uma ou duas áreas parece limitador, mas ajuda a capturar o aprendizado mais importante.

Não teste coisas que já conhece. Por exemplo, uma coisa que às vezes deixa as empresas hesitantes em inovar é o risco de que uma marca estimada fique comprometida se ela for associada a uma nova oferta. Mas por que um teste precisa ser rotulado? Os clientes podem reagir à marca em vez de ao produto, fornecendo um falso sinal de interesse. As empresas já têm uma boa noção do poder de suas marcas. Considere a execução de testes sem nenhuma rotulação. Imagine como o desempenho de uma marca já bem-sucedida poderá melhorar quando associado a uma marca confiável.

O foco também não deve estar obcecado com a significância estatística. Priorize a velocidade e a acessibilidade, mesmo que o tamanho da amostra seja "bom o suficiente".

Outra maneira de reforçar o foco é determinar prazos curtos. Três meses é um número efetivo. Pode parecer impossível desenvolver um protótipo ou obter receitas nesse período de tempo, mas a escassez com frequência força abordagens criativas que levam a um aprendizado rápido e de alto impacto.

2. Desenhe os Testes Cuidadosamente

The High – Velocity Edge, um livro excelente de Steven Spear, contém um estudo de caso detalhado do programa de submarinos nucleares americanos. O primeiro submarino nuclear (o Nautilus) foi lançado em 1954, apenas cinco anos após o início do programa de propulsão nuclear. Apesar de ter um conjunto absurdamente complexo de tecnologias, em seis décadas o programa americano não sofreu um único incidente grave relacionado ao reator nuclear. Compare com o programa russo, que tem sofrido uma série de incidentes, que custaram ao menos 27 vidas, com rombos em diversos submarinos e o escape de material radioativo para a atmosfera.[10]

Spear explicava que uma das razões para o sucesso americano é o modo disciplinado de abordar o aprendizado. O fundador do programa, Hyman Rickover, acreditava na "disciplina da engenharia". Nada seria feito aleatoriamente. Os engenheiros deviam apresentar uma hipótese antes de desenhar um novo componente ou sistema. Eles tinham de explicitar melhor seus entendimentos e expectativas de quais ações levariam a quais resultados. Em seguida, tinham de projetar sistemas que os capacitariam a medir como suas hipóteses se sustentavam.

"Com expectativas claras, ficaria óbvio quando acontecesse algo que não se conformasse a tais expectativas", escreveu Spear. "Como resultado, ainda que não se obtivesse sucesso, seria criada a oportunidade para aprender a obter sucesso. Tornar as expectativas claras foi uma dádiva, sem exceções."

Um exemplo latente da ação desse princípio foi o projeto de carcaças de radiação para os reatores nucleares dos navios. Conforme escrito por Spear:

---

[10] O título do quadro do livro de Spears diz: "Lista Parcial de Calamidades na Marinha Nuclear Soviética".

INOVAÇÃO DO PLANEJAMENTO À AÇÃO

Ninguém sabia como o bombardeamento de nêutrons fadigaria o metal, e como as soldas, juntas e curvaturas das tubulações afetariam os níveis de radiação. Portanto, quando chegou a hora de testar a carcaça, uma grade foi estendida sobre a superfície, com os sensores distribuídos em toda sua extensão. Mas a avaliação não ficou só nisso. Antes de anotar qualquer medição, Rockwell [Thedore Rockwell, diretor técnico de Rickover] insistiu que as previsões fossem feitas próximas das medições de cada ponto. Isso não foi suficiente para descobrir se as várias seções passavam ou não em termos de radiação emitida. Rockwell e seus colegas já sabiam que eles errariam em muitos pontos, pois a ciência e a tecnologia ainda estavam engatinhando. Portanto, eles queriam saber com certeza – a tempo – exatamente onde e quando estavam errados e o que não compreendiam. Os sensores não estavam lá posicionados para garantir segurança, mas sim para identificar falhas por parte designers de revestimento ou blindagem. Essa é a razão pela qual, em vez de apenas registrar leituras e notar os pontos em que a exposição estava demasiadamente alta, eles primeiro previram quais seriam as leituras e, em seguida, compararam essas previsões com as leituras reais para descobrir onde seu entendimento era confirmado e onde era refutado.

Para tornar esse princípio real, assegure-se de que qualquer experimento tenha um diagrama como o exibido na Figura 5-1. Ele começa com a *hipótese* que se planeja testar. Depois vêm os *objetivos* do teste. Por que é preciso testar essa hipótese? Em seguida, temos as *previsões* específicas sobre o que o teste mostrará, que forçam a pensar como medir os resultados. Será difícil fazer previsões específicas para áreas em que se está apenas especulando, mas a disciplina o ajudará a determinar causa e efeito, para extrair o aprendizado correto de seus esforços. Finalmente, detalhe como *executará* os experimentos, incluindo a equipe, os fundos requeridos e quanto tempo tomará. Lembre-se do acrônimo HOPE: hipótese, objetivos, previsão e execução.

FIGURA 5-1

Modelo de experimentação HOPE

HIPÓTESE	PLANO DE EXECUÇÃO	Equipe
OBJETIVOS		Financiamento
PREVISÃO		Tempo

O desenho cuidadoso dos experimentos ajuda a determinar a formação ideal da equipe por apontar a *expertise* requerida. Por exemplo, se você planeja vender produtos pela web, é necessário algum membro da equipe saber algo sobre e-commerce. Evite incluir especialistas cujas habilidades residem em áreas fora do plano do experimento; caso contrário, esteja preparado para o retardamento do progresso.

3. Procure Aprender no Mercado

Para moldar o aço, é preciso forjá-lo em temperaturas acima de 1.000ºC. Para fortalecer uma ideia de negócio, é preciso forjá-la no calor escaldante do mercado. No entanto, com muita frequência, as estratégias são forjadas no brilho lânguido das luzes de uma sala de reunião. As atividades típicas incluem a análise de relatórios de pesquisa, através de planilhas de Excel complicadas e de apresentações extensas de PowerPoint. Os documentos que resultam dessa iniciativa são muito importantes, mas

INOVAÇÃO DO PLANEJAMENTO À AÇÃO

o conhecimento é surpreendentemente frágil, falhando na aprovação de uma verificação.

As previsões financeiras geralmente são um sinal indicador de onde uma equipe fez seus aprendizados. As previsões com estimativas precisas com dois números à direita do ponto decimal geralmente resultam de uma forte inclinação da equipe em projeções detalhadas dos analistas de mercado. Certamente, empresas que lidam com inteligência de mercado, como IDC, Nielsen e Gartner, fazem trabalhos de alta qualidade. No entanto, as estimativas das características do tamanho e do crescimento de novos mercados são notoriamente imprecisas. Os membros das equipes devem, em vez disso, investir em conversas de campo com potenciais clientes, equipados de preferência com um protótipo ou modelo. As reações negativas não são necessariamente ruins, desde que a equipe extraia aprendizados e modifique sua abordagem de modo adequado.

Um modo de assegurar que há inclinação para a ação é monitorar a fração de tempo gasto na preparação e a presença em reuniões internas em relação ao tempo empregado no mercado. Qualquer índice superior a um terço deverá ser motivo de preocupação.

4. Maximize a Flexibilidade

Quanto mais complicado é o teste, maior a probabilidade de que algo completamente inesperado possa acontecer durante a trajetória. Em alguns casos, esse aprendizado pode levar a pequenas modificações. Em outros, quando tópicos desconhecidos emergem ou uma questão que coloca em risco o negócio não pode ser adequadamente atendida, poderá haver a necessidade de uma reforma significativa. Ao executar seus testes, flexibilize o máximo possível para criar espaço para acomodar uma correção de curso. Considere as seguintes regras práticas:

Testar, Aprender e Ajustar

- Desenvolva um protótipo antes de tudo.
- Simule-o antes de executá-lo.[11]
- Tome emprestado antes de comprar.
- Contrate trabalhadores autônomos antes de empregados.
- Teste antes de se comprometer.
- Pesquise antes de fazer.
- Terceirize antes de criar escala.

A regra geral é manter as despesas fixas no menor nível possível, pois elas podem dificultar a realização de pequenas correções de curso que com tanta frequência vaticinam o sucesso. A flexibilidade não é irrestrita, pois pode haver queixas sobre o desperdício de dinheiro, mas no longo prazo ela é muito bem-vinda.

A flexibilidade geralmente exige ganhar acesso a recursos externos. Com muita frequência, as equipes dentro das empresas assumem que os únicos recursos disponíveis são os de seu departamento ou da própria corporação. É como se alguém tivesse colocado um domo sobre eles, definindo limites claros em seus ecossistemas de inovação. As equipes, então, reclamam que não podem efetuar progressos pois não conseguem acesso a recursos que estão vinculados a atividades que suportam o negócio principal. Lembre-se da definição de empreendedorismo dada por Howard Stevenson, da Harvard – a busca de oportunidade sem relação com recursos atualmente controlados – para romper o domo. As equipes que executam testes devem olhar além do domo corporativo para ter acesso aos amplos e fantásticos recursos livres, ou de baixo custo, dis-

---

11   A ideia aqui vai além do vaporware. Considere criar um curso fictício em uma universidade para medir o interesse dos alunos ou um site fictício para ter a percepção da demanda de mercado.

Vaporware é um software ou hardware anunciado por um desenvolvedor muito antes de seu lançamento, mas que nunca chega a entrar em produção, e, em linhas gerais, significa fraude ou, no mínimo, um otimismo sem garantias. Fonte: Wikipédia. (N.T.)

INOVAÇÃO DO PLANEJAMENTO À AÇÃO

poníveis aos empreendedores. A primeira forma de financiamento para a maioria das *startups* é o cartão de crédito, de modo que a ausência de recursos financeiros simplesmente não é desculpa aceitável para a falta de progresso. Pense em utilizar as seguintes ferramentas de baixo custo, ou sem custo, para ajudar com questões-chave:

- Desenho de materiais de marketing ou outros materiais acompanhantes: Elance.com.
- Execução de tarefas repetitivas que não podem ser inteiramente automatizadas: Amazon Mechanical Turk
- Criação de uma maquete: Google Sketch
- Gestão de projetos: Basecamp
- Busca de especialistas: LinkedIn
- Pesquisa de mercado: SurveyMonkey.com
- Projeto de sites: Wix.com
- Criação de marcas e logotipos: 99designs.com
- Compartilhamento de arquivos: Dropbox.com

Essas soluções podem parecer um pouco assustadoras para pessoas que trabalham em grandes corporações, acostumadas a utilizar soluções mais robustas, mas elas são baratas e extremamente efetivas.

Um modo de assegurar flexibilidade é aumentar cuidadosamente o investimento em uma nova ideia. Os investidores de risco fazem isso intuitivamente. Eles fornecem à empresa um montante de dinheiro para que ela aborde uma incerteza crítica. Se a empresa consegue isso, ela recebe um acompanhamento próximo para eliminar a próxima incerteza. Geralmente, há cinco questões fundamentais para uma ideia:

1. **Devo criar um plano?** Nesse estágio, você tem a centelha de uma ideia e deve conduzir uma pesquisa básica para determinar se vale a pena investir tempo para ampliá-la com mais detalhes.

Testar, Aprender e Ajustar

2. Devo executar um teste de baixo custo? Pesquisas de alcance rápido não destacam nenhum aspecto importante que mude as leis da física, portanto é hora de fazer um trabalho de casa mais longo para determinar se vale a pena investir em mais experimentos ligados ao mercado.

3. Devo desenvolver um piloto? Assumindo que os testes de baixo custo pareçam promissores, a próxima etapa é contemplar se é possível fazer um teste mais abrangente.

4. Devo lançar? Essa questão responde se os resultados do piloto sugerem o lançamento do negócio (muito provavelmente após algumas modificações).

5. Devo produzir escala? O modo de busca terminou. Se os principais riscos do negócio foram abordados e o caminho da rentabilidade está claro, agora é tempo de acelerar.

Quanto menos se sabe, menos se deve investir para garantir suficiente flexibilidade para as correções de curso que caracterizam os primeiros passos.

5. Aprecie as Surpresas

As quatro dicas anteriores ajudam a desenhar experimentos efetivos, mas o assunto não se esgotou. Os próximos dois itens asseguram o correto aprendizado e a execução das ações corretas com base nele.

Examine as medições selecionadas para os seus experimentos para checar se você atinge ou excede sua medida e se deverá prosseguir. Se não atingir, você deverá corrigir o curso ou abortar o esforço.

INOVAÇÃO DO PLANEJAMENTO À AÇÃO

Lembre-se de que o objetivo de um experimento não é confirmar e sim orientar. Portanto, a questão operacional em todos os casos é *por que* você excedeu ou não atingiu uma medida. As anomalias – situações inesperadas – geralmente contêm os achados mais interessantes. Há inúmeras histórias de revoluções científicas e empresariais que foram essencialmente acidentes.

Há dois modos de apreciar apropriadamente essas surpresas. O primeiro é contar com terceiros revisando os resultados dos experimentos. Sem as inclinações que nascem da participação no experimento, essas pessoas de fora geralmente veem coisas que estão ocultas aos condutores do experimento. O segundo é assegurar que os tomadores de decisão tenham algum grau de envolvimento direto no experimento. Considere a pesquisa de Richard Wiseman, da University of Hertfordshire. Entre outras análises, Wiseman estuda a sorte. Ele executou uma série de projetos de pesquisa para determinar se as pessoas podem de fato "fazer a sua própria sorte". Em um experimento, ele pediu a pessoas que se consideravam sortudas ou azaradas para contar o número de imagens em um jornal. O grupo dos azarados levou dois minutos para completar a tarefa. O grupo dos sortudos completou-a em *segundos*, pois a segunda página do jornal continha uma enorme mensagem informando aos leitores que havia 43 imagens na edição. Wiseman experimentou colocar um grande aviso no meio do jornal que dizia: "Pare de contar. Diga ao condutor do experimento que você viu isso e ganhe 250 libras". O pretenso grupo de pessoas azaradas estava tão focado na tarefa a fazer que perdeu a chance de ganhar o dinheiro.

O insight extraído do trabalho de Wiseman é crítico para quem está buscando novas oportunidades ou testando ideias. Se você delegou a um terceiro, este obedientemente contará as fotografias no jornal e lhe fornecerá um relatório refinado que responderá sua pergunta, mas perderá o ponto. O envolvimento pessoal com uma perspectiva para o inesperado ajuda a destacar irregularidades importantes.

6. Empreenda Ações com Base no Aprendizado

Não se deve tratar um experimento como um exercício que você obedientemente executa, obtém os resultados e depois continua com o plano que tinha antes de fazer o experimento. As pesquisas consistentemente mostram que o *primeiro* plano de um inovador e o plano *correto* são muito diferentes. Como tal, é importante considerar cuidadosamente o que o aprendizado sugere em marcos predeterminados. De modo geral, pode-se tomar uma das quatro decisões:

- **Acelerar:** O aprendizado aumentou a confiança nas premissas-chave, mostrando que o impacto de potenciais riscos é mínimo, ou diminuiu a probabilidade de eventos ruins. É hora de acelerar.

- **Continuar cuidadosamente:** Falta confiança para alocar mais recursos em sua ideia, mas o que você viu sugere que ainda está na direção correta. Você pode fazer algumas pequenas modificações e prosseguir com outra rodada de testes.

- **Pivotar:** O termo "pivô" foi introduzido no léxico com a publicação em 2011 do best-seller *The Lean Start-up*, de Eric Ries. No livro, Ries combinou os princípios da manufatura enxuta, a pesquisa de Steve Blank, e sua experiência em *startups* para fornecer um manual interessante e proveitoso de modo a abordar *startups* de uma maneira mais científica.
  A estratégia que possibilitou à Pay-Pal, gigante do setor de pagamentos *peer-to-peer*, dominar seu nicho foi a chamada Opção J – após as outras opções A, B, C, D, E etc. não vingarem. O trabalho de Ries provê um manual útil para pensar sobre diferentes tipos de pivôs.

INOVAÇÃO DO PLANEJAMENTO À AÇÃO

- **Encerrar:** Nem toda ideia está fadada ao sucesso; nem toda *startup* está destinada a sobreviver. Em toda encruzilhada, sempre é válido perguntar se devemos continuar prosseguindo ou se há uma ideia alternativa de negócio que garanta maior atenção. Se você está seguindo a orientação deste livro, essas decisões devem ser relativamente imparciais, embora sejam sempre difíceis.

Essas decisões raramente são precisas. As equipes de gestão, particularmente em organizações de grande porte, sentem uma pressão enorme para pular para a segunda opção e continuar a sondagem e a investigação. Um truque simples para evitar isso é fazer uma exploração continuada da última opção em vez da opção padrão. Por exemplo, a Marinha dos Estados Unidos treina os jovens soldados para que tomem decisões na chamada nebulosidade da guerra. A "solução dos 70" da Marinha defende essencialmente que é melhor executar um plano imperfeito do que considerar todos os ângulos e perder oportunidades. O Capítulo 8 fornece mais orientações sobre a tomada de decisões e os sistemas de desembaraço que suportam o processo DAFT.

Design Experimental Aplicado à AsiaCom

Há alguns anos, uma empresa de telecomunicações asiática (denominada aqui como AsiaCom) concebeu a ideia de um serviço interessante, que essencialmente transformaria o celular em um dispositivo de monitoramento sofisticado, capaz de reconhecer o usuário, sua posição geográfica e seus hábitos de consumo. Como sempre carregamos nosso telefone, a AsiaCom vislumbrou uma oportunidade única de aliar sua habilidade de obter informações (gerenciando, é certo, questões inevitavelmente privadas) com competências de processamento de dados sofisticados.

Esta "visão de localização derivada" poderia preparar o terreno para serviços como negócios customizados em tempo real para a obtenção da localização e das preferências de um indivíduo, vendendo informações agregadas sobre o comportamento de compra de consumidores para varejistas, ou mesmo pacotes de seguros personalizados de acordo com os hábitos das pessoas.

Orientamos a AsiaCom ao longo do processo DAFT. Embora a ideia tivesse o potencial de gerar vários fluxos de receitas, decidimos focar na receita de anúncios dirigidos e, mais especificamente, em três hipóteses críticas:

1. A AsiaCom poderia criar uma "visão de localização derivada" única.
2. Os consumidores poderiam responder a propagandas baseadas nessa visão.
3. A questão da privacidade poderia ser gerenciada.

Havia fortes evidências suportando cada premissa. Investimentos significativos de investidores de risco no nicho sugeriam amplas oportunidades. Mas também havia um alto grau de incerteza. Desse modo, o teste que a empresa decidiu executar era um protótipo dirigido do modelo de negócio hipotético. Isso significava:

- Desenhar um aplicativo para rastrear a localização do consumidor, sem exaurir a bateria.
- Criar um modelo de dados para capturar informações de localização e mapear essas informações em pontos de interesse específicos, tais como restaurantes, clubes ou ruas de comércio.
- Processar uma grande quantidade de dados.
- Lidar com os reembolsos de contratos.
- Desenvolver mecanismos para garantir privacidade.
- Atrair e gerenciar usuários finais.

INOVAÇÃO DO PLANEJAMENTO À AÇÃO

A AsiaCom limitou o número de participantes de seu piloto a menos de 500 pessoas para manter as operações gerenciáveis, mas estava observando com cuidado para descobrir o que seria necessário de modo a aumentar com sucesso a escala do negócio a dezenas de milhões de clientes. Consistente com as melhores práticas, a equipe previu todos os aspectos do teste, mesmo se as previsões fossem baseadas somente em suposições disciplinadas.

O protótipo levou aproximadamente um ano. Durante a fase alfa, a equipe trabalhou com um designer externo para desenvolver um aplicativo rudimentar e utilizou as redes sociais para conseguir que 30 clientes o abaixassem. O teste alfa ajudou os executivos da AsiaCom a entender mais profundamente os desafios operacionais e aumentou as chances de uma implantação mais completa obter êxito.

Na fase seguinte, a equipe desenvolveu e implantou um aplicativo mais sofisticado, aumentou o número de clientes, começando inclusive a criar ofertas especiais para eles. Buscavam simplicidade e flexibilidade sempre que podiam. Por exemplo, não tinham "reais" anunciantes envolvidos, pois não precisariam descobrir se os anunciantes queriam atrair clientes pagadores (eles queriam!) Em vez de se integrar com comerciantes para desenvolver sistemas complicados de reembolso, a equipe fornecia dinheiro aos consumidores que enviassem um recibo mostrando uma compra relacionada a uma oferta qualificada. A principal intenção era gerar um banco de dados com informações de localização e resposta dos usuários a produtos que poderiam ser analisados para tentar determinar o poder potencial da "visão de localização derivada". Finalmente, os resultados da experiência poderiam ser utilizados para propor a ideia aos anunciantes.

Nem tudo ocorreu de acordo com o planejado. O desenvolvedor que estava trabalhando com o aplicativo teve dificuldades com alguns de componentes complicados, criando risco para a agenda. Apesar dos esforços cuidadosos para gerir os problemas de privacidade, um poten-

Testar, Aprender e Ajustar

cial cliente ameaçou entrar com um processo. Os dados de localização gerados eram confusos e difíceis de analisar. Alguns clientes engajaram-se no piloto; outros não. Encontrar clientes rapidamente e a baixo custo sem acessar os bancos de dados da AsiaCom (por uma variedade de razões, o teste não tinha conexão oficial com a organização) mostrou-se desafiador.

QUADRO 5-1

O Ajuste da AsiaCom aos princípios do design experimental bem--sucedido

Equipes pequenas focadas	Com quatro pessoas focadas inteiramente nas premissas críticas relacionadas à criação de um insight único, resposta dos clientes e questões de privacidade.
Desenho cuidadoso	Criação de um plano detalhado de experimentos com previsões específicas para cada teste.
Objetivo de aprender no mercado	Dados reais gerados pela utilização de aplicativos customizados para celulares.
Maximizar a flexibilidade	Investimentos em estágios, uso de revendedores externos para um design de produto adequado.
Apreciar as surpresas	Executivos-chave participando diretamente nos testes.
Agir com base no aprendizado	Redesenhos significativos entre os testes alfa e beta; decisão de investir após o teste.

Para enfrentar esses desafios, a equipe pequena e totalmente dedicada, travava uma disputa diária para selecionar os problemas críticos. Os membros não tinham receio de fazer grandes mudanças em tempo real para atingir seus principais objetivos de aprendizado. Por exemplo, dia a dia eles experimentavam novos meios de engajar clientes. Descobrindo modos simples de fazer as pessoas agir (uma ideia memorável foi oferecer um dólar a quem enviasse uma fotografia de algo que o fazia sorrir em um dia chuvoso) aumentou o engajamento no longo prazo. A equipe mantinha notas cuidadosas tanto do aprendizado esperado (ser transparente mitigava as questões de privacidade) como das surpresas inespe-

INOVAÇÃO DO PLANEJAMENTO À AÇÃO

radas (a maioria dos bancos de dados dos supostos pontos de interesse em uma cidade foi construída para navegação veicular, que fez deles não tão ideais para serviços pessoais). Um grupo seleto de líderes da própria organização revisou esses achados tanto formal como informalmente. Alguns deles participaram ativamente do experimento, baixando o aplicativo e usando-o por conta própria.

Após três meses, a confiança da AsiaCom nas premissas-chave tinha aumentado. A organização também teve uma visão mais fundamentada do que fazer para desenvolver e aumentar a escala do negócio – que, dada a sua complexidade, era grande! Na fase final do projeto, uma equipe interna de analistas estudou os dados para inferir padrões que previssem comportamento. Por meio da mistura de arte e ciência, a equipe identificou uma série de ótimos insights, suportando investimentos significativos na categoria. No período da elaboração deste livro, o crescimento do faturamento ultrapassava as projeções internas iniciais, e a AsiaCom aparentemente estava bem à frente dos seus concorrentes.

Mensagens Importantes deste Capítulo:

1. Mantenha a equipe enxuta para assegurar o foco em um pequeno número de variáveis.
2. Desenhe cuidadosamente o experimento ao ter uma hipótese, definir os objetivos do teste, fazer previsões e desenvolver um plano de execução detalhado (HOPE).
3. Maximize a flexibilidade ao acessar recursos externos de baixo custo.
4. Aprecie os resultados surpreendentes e faça ajustes (incluindo, potencialmente, o encerramento do projeto) com base no aprendizado.

CAPÍTULO 6

Manual de Teste

Ao longo dos séculos, o homem tem olhado para o céu e se perguntado: "E se...?" Se os pássaros conseguiam voar, certamente havia um meio de os humanos também voarem. Como os aspirantes a aviadores testaram suas hipóteses? A maioria criou uma versão de suas soluções, se dirigiu a um local alto e pulou. Premissas incorretas tiveram resultados previsíveis. A Revolução Industrial abriu novas possibilidades, de modo que no final do século XIX inventores mundo afora começaram a construir protótipos físicos de soluções mecânicas, dedicando anos de suas vidas para criar máquinas que, de maneira frustrante, continuaram fracassando.

O modo como os irmãos Wright abordaram o problema é instrutivo para os inovadores que querem avançar em suas ideias ao longo dos primeiros passos. Em vez de subir no topo de um edifício alto e pular ou passar anos soldando partes para criar o protótipo perfeito, eles construíram e soltaram pipas. Não apenas conseguiram construir pipas mais rapidamente, mas, quando um determinado desenho de asa não funcionava em certas condições, não arriscavam a vida, tampouco esvaziavam suas contas bancárias para fazer esse teste.

Em 1901, descobriram outro meio de testar hipóteses de maneira rápida e barata. Utilizando uma caixa de madeira, um serrote, um aro de bicicleta e um ventilador, construíram um túnel de vento com cerca de 2 metros de comprimento. Isso possibilitou-lhes ver como asas de formatos diferentes desempenhariam em diferentes condições de vento sem ter de construir uma aeronave completa que teriam de reconstruir caso algo desse errado.

Em dois meses de grande euforia, os irmãos Wright testaram mais de 200 desenhos de asas. Eles testaram modelos propostos por outros aspirantes a aviadores, medindo cuidadosamente a elevação aerodinâmica de diferentes asas em diversas condições eólicas. Wilbur Wright recordou posteriormente que eles aprenderam que muitas das premissas matemáticas usadas pelos inventores sobre como diferentes índices de variáveis – o índice entre o comprimento e a envergadura das asas – afetariam a decolagem estavam "repletas de erros".

Pipas e túneis de vento possibilitaram aos irmãos Wright aprender uma quantidade espantosa de conceitos sem assumir risco indevido ou gastar muito, ajudando-os a criar a aeronave que completou o primeiro voo tripulado pelo homem em 1903 e que introduziu a era moderna da aviação. Como foi observado posteriormente por Wilbur Wright, "às vezes, o trabalho nada glamoroso no laboratório é absolutamente crucial para o sucesso de um projeto".

Assim, os inovadores que estão no início dos primeiros passos devem examinar o negócio como fariam em um túnel de vento – testando mecanismos para ganhar confiança em áreas críticas de incerteza com uso eficiente dos recursos.

Este capítulo foca especialmente em 14 diretrizes do manual experimental da Innosight, organizadas pelo tempo e esforço aproximados que levam para serem executadas (observe que quatro dessas orientações são abordagens financeiras já discutidas no Capítulo 3). O Quadro 6-1 resume esses experimentos, provendo chaves para o sucesso e sinais de alerta. A Figura 6-1 representa graficamente esses testes na tabela de certezas dos primeiros passos para combinar os experimentos com o nível de conhecimento em cada área-chave de uma nova ideia.

Manual de Teste

Se Você Tiver Horas...

Pode parecer impossível abordar incertezas críticas em apenas algumas horas. Mas há oito meios de aumentar rapidamente o conhecimento sobre os componentes-chave de uma ideia.

1. Conduza Pesquisa Documental ou Investigativa

Embora a grande inclinação deste livro seja fazer da inovação um exercício prático (e não acadêmico), algumas incertezas críticas podem ser eliminadas por uma simples pesquisa documental. Comece consolidando uma base sobre a essência da ideia. Qual é a alternativa mais próxima da ideia que você está considerando? Em seguida, aborde as seguintes fontes de informação para aprender mais sobre incertezas-chave:

- Formulários *S-1* e *10-K*: Quando uma empresa planeja emitir ações no mercado, preenche um relatório muito detalhado que informa as áreas-chave de suas atividades. Esse *formulário S-1* pode ser uma rica fonte de informações sobre o modelo de negócio da organização e é facilmente acessível por meio de vários sites, incluindo o da US Securities and Exchange Commission (www.sec.gov).

  Similarmente, o *formulário 10-K* regular que uma empresa com ações negociadas em bolsa registra na SEC contém muitos detalhes úteis. Claramente, as empresas evitam revelar tudo sobre suas atividades, mas há um volume gigantesco de informações para aqueles que estão interessados.[12]

---

[12] A emenda Jumpstart Our Business Startups (JOBS), aprovada em 2012, agora permite que certas empresas preencham os formulários S-1 confidencialmente, protegendo informações sensíveis à competitividade por um período de tempo.

Manual Experimental

Experimento	Como ele forma ou constrói conhecimento	Chaves para o Sucesso
1. Conduza pesquisa documental	Identifica outras áreas em que os clientes estão gastando tempo e dinheiro, tecnologias que podem abrir um mercado e conhecimento de modelos de negócios de esforços comparáveis.	• Considere várias fontes. • Descubra meios de se conectar diretamente com experts ou potenciais clientes. • Analise empresas similares de capital aberto ou que vão abrir o capital. • Siga as anotações, busque referências e conexões.
2. Faça um experimento reflexivo	Identifica premissas ocultas limitadoras de taxas, riscos operacionais ou potencial resposta competitiva.	• Envolva participantes externos para obter novas perspectivas • Use técnicas de projeção – vendo o mundo pelo olhar de outra pessoa ou imaginando uma condição futura. • Vislumbre como poderia ser o sucesso final, e depois volte à realidade. ("teste da escassez de camarão").
3. Crie um modelo conciso dos 4 Ps	Fornece uma conferência saudável, rápida, das premissas financeiras e operacionais-chaves	• Defina o mercado-alvo da forma mais restrita possível. • Pesquise analogias para conseguir maior confiança em premissas sobre preços e frequência de compras.
4. Faça um telefonema	Fornece a base em torno das premissas operacionais e informações sobre como outras pessoas enfrentaram problemas similares.	• Utilize soluções modernas de redes sociais. • Não tenha receio de contatar as pessoas – elas adoram falar sobre suas áreas de expertise. • Pergunte às pessoas quem mais recomendariam contatar.

Experimento	Como ele forma ou constrói conhecimento	Chaves para o Sucesso
5. Explique detalhadamente uma transação	Modo simples de identificar pontos fracos de modelos de negócio (p.ex., canal de vendas desmotivado).	• Considere a perspectiva de todos os interessados. • Utilize outros experimentos para aumentar a confiança de que elementos como custos e pagamentos unitários a distribuidores têm base na realidade.
6. Desenvolva um protótipo MacGyver	Aumenta a confiança na viabilidade, fornece os custos adiantados e informados de produção e cria material para compartilhar com clientes nos experimentos 7 e 11-14.	• Não se preocupe com a estética; evite ajustes intermináveis para obter a perfeição. • Tente múltiplos métodos (p. ex., desenhos, maquetes pela Web), com foco em gastar o mínimo possível (≤$1 mil). • Evite ficar preso a uma única abordagem – mantenha-a simples para não se apegar a algo que mudará.
7. Converse com potenciais clientes	Fornece feedback direto de clientes sobre a ideia e aprendizado indireto sobre questões operacionais.	• Traga material de apoio – como um "protótipo MacGyver" e um anúncio – folheto. • Não se preocupe em atingir uma população estatisticamente significativa. • Não reaja com exagero a feedbacks positivos ou negativos.
8. Elabore um demonstrativo financeiro reverso	Traz à tona incertezas operacionais-chaves e realça as premissas financeiras mais críticas.	• Assegure o alinhamento em torno da "raiz" da árvore (receita desejada, lucro etc.). • Não tenha mais de três "sub" premissas-chave para uma determinada área – haverá mais, mas tente mantê-la simples. • Estude com profundidade suficiente para tangenciar premissas operacionais (p. ex., número de vendedores, instalações de manufatura, funcionários de suporte ao cliente).
9. Faça um teste dirigido de viabilidade	Fornece informações baseadas no mercado sobre uma premissa operacional-chave.	• Foque, foque, foque – seja o mais específico possível sobre o ponto desconhecido que está sendo abordado. • Adote o princípio do "suficientemente bom"- o objetivo não é aumentar a escala de um negócio, mas saber se ele pode ser escalável. • Aproxime-se o máximo possível do mercado.

Experimento	Como ele forma ou constrói conhecimento	Chaves para o Sucesso
10. Construa um modelo financeiro detalhado	Indica as premissas financeiras mais críticas.	• Seja o mais abrangente possível... ... mas não caia na armadilha de achar que uma planilha fantástica é um negócio fantástico. • Fundamente as premissas financeiras na melhor pesquisa interna disponível e em análises comparáveis.
11. Faça um protótipo da experiência de compra	Fornece bons insights sobre as premissas operacionais e fomenta o entendimento de elementos motivadores de compra, conjunto de considerações de clientes etc.	• Otimize o aprendizado, não as receitas. • Adote mecanismos criativos, tais como utilizar os produtos de concorrentes. • Assegure de que há meios (p.ex., diário de clientes) para obter retorno sobre o processo de compra e a utilização pós-compra.
12. Faça um protótipo do modelo de negócio	Desenvolve uma visão melhor da viabilidade do modelo de negócio enquanto tangencia pontos "desconhecidos não conhecidos" que surgem somente quando um modelo de negócio interdependente é posto junto.	• Garanta que você tem escala suficiente para aprender sobre elementos-chave do modelo de negócio. • Isole o aprendizado de pontos desconhecidos críticos do modelo de negócio para minimizar investimentos e riscos.
13. Faça um teste de utilização com base reduzida	Fornece aprendizado sobre uso repetido.	• Crie vários mecanismos para aprender sobre hábitos do cliente (blogs, pesquisas na Web, grupos de discussão etc.) • Foque essencialmente na utilização para evitar a sobrecarga do teste e o obscurecimento do aprendizado-chave.
14. Conduza um piloto operacional	Identifica o que é preciso para maximizar a demanda dos clientes, otimizar o modelo de entrega e refinar os elementos-chave do modelo de negócio.	• Busque se espelhar o máximo possível no negócio escalável planejado para maximizar o aprendizado. • Assegure que você esgotou outros mecanismos de aprendizado, dados os níveis relativamente altos de investimentos e riscos.

Manual de Teste

FIGURA 6-1

Mapeando experimentos para a tabela de certezas dos primeiros passos

- **Contatos com analistas**: As empresas de capital aberto mantêm discussões com analistas que cobrem suas ações trimestralmente. Sites como o seekingalpha.com fornecem transcrições gratuitas desses contatos, que podem novamente prover informações preciosas sobre uma empresa ou um nicho de mercado.

- **Depósitos de patentes**: Não está seguro sobre os movimentos futuros de um concorrente? Suas patentes podem prover uma boa pista. Por exemplo, os analistas tinham uma boa noção sobre como o iPad da Apple se pareceria anos antes de seu lançamento devido aos relatórios de patentes que a Apple apresentara em torno do design crítico e de elementos sobre a utilização. Nem tudo que as empresas reportam frutificará, mas vale a pena examinar. Empresas especialistas como a Sagentia oferecem serviços

INOVAÇÃO DO PLANEJAMENTO À AÇÃO

sofisticados que realizam uma análise semântica de registros de patentes para obter insights mais profundos sobre potenciais desenvolvimentos em um nicho de mercado.

- **Sites de respostas:** Nos últimos anos, o Quora e outros sites afins se transformaram em excelentes recursos para pessoas que buscam "furo jornalístico" interno sobre empresas ou modelos de negócio. Se você não consegue descobrir uma resposta, poste uma pergunta. Os *experts* adoram compartilhar seus casos e fornecerão narrativas de bastidores preciosas sobre seus negócios.

- **Investimentos de capital de risco:** *All the President's Men* é um relato fascinante de como Bob Woodward e Carl Bernstein cobriram o escândalo de Watergate que, por fim, levou o presidente Richard Nixon a renunciar. Uma linha memorável extraída da fonte a que eles atribuíram o codinome "garganta profunda" – "Siga o dinheiro" – é válida aqui também. Identifique uma *startup* quente no nicho. Utilize o banco de dados CrunchBase da Tech Crunch para determinar seus investidores. Veja que outras empresas essas organizações financiaram. Se você seguir o dinheiro, obterá boa noção sobre como um mercado ou tecnologia podem se desenvolver.

2. Faça um Experimento Reflexivo

A gigante do setor de *fast-food* McDonald's avalia regularmente novos conceitos para o seu *menu*. Há alguns anos, pensou-se em uma salada de camarão. A ideia se ajustava à tendência geral de aumento da consciência quanto à saúde. O item podia ser pré-embalado, se adequando exatamente ao modelo de entrega do McDonald's. No entanto, qualquer ideia introduzida pela organização precisa ter potencial de escala para seus milhares de unidades mundo afora. Foi feito então um experimento reflexivo. Qual a quantidade de camarão exigida se aumentasse a escala da ideia por todos os continentes? Como esse número se compara com o fornecimento atual de camarão? Resultou que o McDonald's colocaria um problema significativo no suprimento de camarão americano, que aumentaria os preços, tornando a ideia não rentável. É possível fazer seu próprio "teste de escassez de camarão" em sua imaginação. Qual seria a situação se você obtivesse sucesso? Há a premissa oculta da taxa-limite, que impossibilitaria o sucesso?

Um exercício popular originado nas Forças Armadas – jogos de guerra – funciona como experimento reflexivo. Esses jogos envolvem essencialmente simulações de como os combatentes podem responder a várias táticas. No mundo dos negócios, isso envolve se colocar na pele dos atuais e potenciais competidores e imaginar como eles podem responder à sua ideia. Esses jogos também podem ser aplicados para avaliar o grau com que as forças internas podem reagir a uma ideia. Considere o exemplo do Xiameter, da Dow Corning, que foi detalhado no livro *Seizing the White Space*, de Mark Johnson. O autor descreve como a companhia química estava avaliando um canal de distribuição na Web para seus produtos de silicone. Sob a orientação do líder do projeto Don Sheets (que no final se tornou o diretor-executivo financeiro), uma equipe considerou o que aconteceria se a Dow Corning tentasse lançar o novo negócio na Web dentro da organização tradicional. Conforme Johnson escreveu: "O novo modelo foi esmagado. Ele era muito estranho aos modos correntes de trabalho da organização. O próximo passo ficou claro. A nova iniciativa precisaria ficar livre do modelo principal do negócio para que pudesse prosperar".

Experimentos reflexivos são meios preciosos de aprendizado, pois eles não custam nada e o forçam a adotar uma perspectiva externa para as questões estratégicas-chave. Eles podem ser conduzidos por um in-

INOVAÇÃO DO PLANEJAMENTO À AÇÃO

divíduo, mas funcionam melhor quando envolvem um pequeno grupo com diversas perspectivas.

3. Crie um Modelo Conciso dos 4 Ps

Como descrito no Capítulo 3, o modelo dos 4 Ps é um cálculo simples que fornece insights sobre uma potencial oportunidade. Comece apontando o tamanho desejado de qualquer nova oportunidade. A seguir, multiplique o *público-alvo*, a *frequência de compras* e o *preço* por transação, dividindo o total pelo tamanho desejado para determinar a *penetração* requerida para atingir seu objetivo.

4. Faça um telefonema

Há alguns anos, uma empresa que historicamente vendia por meio de varejistas do mercado de massa teve uma ideia que mirava as universidades. A oferta específica era uma máquina de bebidas. Sob a marca Scholar, a empresa planejava distribuir o dispositivo em pontos centralizados de *campus* universitários. Seu amplo uso levaria a registros de vendas dos componentes consumíveis que rendiam os lucros reais da organização. O plano parecia ótimo no papel (eles sempre parecem ótimos no papel). Um item desconhecido, no entanto, era o ciclo de vendas nas universidades. A equipe assumiu que levaria cerca de três meses para trabalharem no processo de obtenção de aprovação para a venda a uma faculdade. No entanto, nenhum membro da equipe jamais tinha vendido a uma faculdade antes. Eles, certamente, poderiam conduzir um piloto da ideia em algumas faculdades para ver quanto tempo demoraria. Ou poderiam simplesmente apanhar o telefone e ligar para algum profissional que vendesse itens em faculdades. Um dos membros da empresa tinha um amigo que trabalhou vendendo soluções de segurança para faculdades. Ele ficou muito entusiasmado de falar sobre sua experiência. Resultou que, em muitos casos, o ciclo de vendas não foi de três meses e sim de três *anos*. Tais trâmites em faculdades são muito lentos, com a autoridade tomadora de decisão intencionalmente difusa. Uma máquina de bebidas passou por muitas seções, indicando que um ciclo de vendas de três meses era improvável. Isso não significava que a ideia era ruim, mas que o aprendizado extraído de uma simples ligação telefônica levara a uma visão mais realista sobre o grau de rapidez de crescimento das receitas.

Em minha experiência, as pessoas estão dispostas a falar sobre suas áreas de *expertise*. E, cada vez mais, há ferramentas para encontrarmos os corretos *experts*. Por exemplo, durante os últimos 10 anos, o LinkedIn construiu uma rede de cerca de 200 milhões de pessoas que compartilham gratuitamente informações sobre suas carreiras ou interesses profissionais. Encontre alguém que tenha trabalhado em algo similar ao que você está buscando fazer. Conecte-se com essa pessoa para descobrir suas aspirações. As pessoas de modo geral ficam lisonjeadas que alguém invista seu tempo para encontrá-las e retribuirão isso. Outra opção são os serviços mais sofisticados (e mais caros) de localização de *experts*, como o Gerson Lehrmann Group, que tem milhares de *experts* qualificados disponíveis sob solicitação.

5. Detalhe uma Transação

Peter Drucker escreveu que o objetivo de um negócio é criar um cliente. Mas isso não é suficiente. Esse cliente tem de ser traduzido, direta ou indiretamente, em receitas. E essas receitas precisam ser suficientes para suportar os custos requeridos para a entrega do produto ou serviço. Um modo simples de começar a testar a viabilidade econômica de uma ideia é pensar especificamente como você obterá seu primeiro dólar, euro, peso ou rúpia de faturamento. Responda às seguintes perguntas:

INOVAÇÃO DO PLANEJAMENTO À AÇÃO

- Como os clientes obterão o produto ou serviço?
- Quando pagarão por isso (se pagarem)? E se não pagarem, quem poderá pagar (por exemplo, pais em nome dos filhos ou anunciantes em nome dos leitores)?
- Onde os clientes os obterão? Se for em varejistas externos, o que eles exigirão para vender o produto?
- Como o produto ou serviço chegará ao cliente? Se for por meio de um distribuidor externo, que remuneração ele exigirá?
- Há mais alguém que participará da transação (por exemplo, taxa de licenciamento, *royalties* do inventor)?

Essa abordagem pode destacar um elo fraco de uma ideia. Por exemplo, a quantia requerida para motivar uma parceria nas vendas pode deixar algum item caro demais para o consumidor ou não rentável. É melhor descobrir esses elos fracos no tempo mais curto possível.

6. Desenvolva um Protótipo MacGyver

Protótipos são mecanismos decisivos para acelerarmos pelos primeiros passos. Ao tornar uma ideia tangível, eles facilitam a coleta valiosa de retorno do mercado. Nas últimas décadas, a comunidade de designers introduziu a "prototipagem rápida" no mundo dos negócios. A ideia é focar mais na velocidade do que na estética. A missão espacial Apollo 13 demonstra a aplicação prática da prototipagem rápida.

A centenas de milhares de quilômetros da Terra, uma explosão no tanque de oxigênio forçou os astronautas a abortar a missão e retornar à Terra no módulo lunar. Todavia, este não fora projetado para abrigar tripulantes pelo período de tempo exigido. Uma deficiência particular foi a falta de um sistema para remover o dióxido de carbono tóxico. O módulo de comando continha reservatórios de hidróxido de lítio, mas eles naturalmente não serviam para sistemas de módulos lunares. Na versão cinematográfica, o líder da missão Gene Kranz (interpretado memoravelmente por Ed Harris) instrui os engenheiros a "inventar um meio de inserir rapidamente um pino quadrado em um furo redondo". Faltavam aos engenheiros os materiais para fazer algo refinado, mas eles desenvolveram um sistema que completou a tarefa, uma solução improvisada que os astronautas chamaram de "caixa do correio".

Denomino o tipo de protótipo criado pela equipe da Apollo 13 de um *protótipo Mcgyver*, uma homenagem ao herói do programa televisivo homônimo da década de 80, que conseguia regularmente sair de situações complicadas com materiais corriqueiros, incluindo uma fita adesiva aparentemente onipresente. Sempre é válido pensar em como é possível criar uma representação de sua ideia rapidamente sem gastar uma quantia enorme de dinheiro. Ele poderia ser um protótipo físico do material disponível (lembre- se do protótipo de $1 de Dorothea Koh do Capítulo 2), um site simples com ferramentas gratuitas como o Wix.com ou, inclusive, um desenho. De fato, as atividades descritas nos capítulos anteriores envolvem o desenvolvimento de protótipos simples de um negócio! O processo de documentar uma ideia, criar um modelo financeiro, ou mesmo falar sobre essa ideia pode trazer clareza surpreendente – e facilitar alguns dos outros testes descritos neste capítulo.

7. *Converse com Potenciais Clientes*

Os leitores de meu livro anterior estarão acostumados com minha irmã Michelle. Durante a última década, ela explorou uma série de oportunidades de negócios que combinam sua formação acadêmica (ela é Ph.D. em psicologia clínica, com especialização em aquisição de linguagem), sua experiência como professora e as lições que aprendeu educando seus próprios filhos. Em sua primeira atividade, ajudava os pais a ensinar

INOVAÇÃO DO PLANEJAMENTO À AÇÃO

bebês e crianças pequenas a se comunicarem por meio da linguagem dos sinais. Resultou do desejo de comunicar desenvolvimentos antes do uso dos músculos da garganta, o que deixava as crianças muito frustradas. A linguagem dos sinais possibilita às crianças se expressarem e aos pais entenderem o que elas realmente querem. Com o desenvolvimento dos músculos da garganta, as crianças rapidamente aprendem que falar é mais eficiente do que sinalizar, de modo que substituem os sinais pelas palavras. Com um bom treinamento, as crianças conseguem entender dezenas de sinais antes de conversar, e os estudos mostram que elas desfrutam um aumento do QI no longo prazo.

Minha irmã criou um pequeno e modesto negócio que desenvolvia aulas com brincadeiras e o design de materiais de apoio (cartões flexíveis, livros etc.). Após formar uma parceria com a Kindermusik a fim de criar um programa de alcance nacional sob o nome Sign & Sing, ela começou a pensar sobre seu próximo projeto. Decidiu, então, focar em um problema crescente nos Estados Unidos, o *bullying* entre adolescentes. Ela podia falar de sua própria experiência, pois nossa irmã mais velha fora vítima de bullying desde os 7 anos. No final de 2010, ela lançou um livro intitulado *Little Girls Can Be Mean* [em tradução livre, Garotas Pequenas Podem Ser Malvadas].

No início de 2011, seu editor fez uma proposta interessante. Seu livro fora bem-recebido e excedera as metas de vendas. Ele sugeriu que ela lançasse um e-book com preço reduzido, com cerca de 70% do conteúdo e 35% do preço de venda. A teoria era que o livro eletrônico atingiria uma faixa mais ampla de clientes e estimularia a demanda do livro integral.

"Será que devo fazer isso?", ela se perguntou. De um lado, ela desejava atingir um público maior possível tanto para ajudar o maior número de pessoas como para criar oportunidades para palestras, além de gerar um "segmento" que colaboraria com futuros trabalhos. Por outro lado, ela não queria trocar produtos de alto valor por baixo preço.

Manual de Teste

Uma coisa que sugeri foi que ela desenvolvesse um rápido resumo da ideia e depois a discutisse com alguns potenciais clientes (que poderiam incluir amigos e familiares). Mas para ela, isso parecia um pouco aleatório. "Eu não conseguirei dados estatisticamente significativos ao conversar com um número reduzido de pessoas". Perguntei a ela com quantas pessoas ela havia conversado. "Bem, nenhuma", ela respondeu. "Uma pessoa é uma amostra infinitamente melhor do que nenhuma", contestei. Conversar com potenciais clientes aumentou sua confiança de que um e-book atingiria um novo público, consequentemente consolidando seu segmento. Ela, por fim, decidiu prosseguir com o livro eletrônico, que vendeu bem.

Conversar com potenciais clientes pode ser um grande meio de saber se uma ideia tem significado para o cliente bem como o que efetivamente demandará para se obter sucesso. Lançar uma ideia e responder às questões dos clientes quase sempre propicia aprendizados interessantes.

Certifique-se de apresentar material complementar nas reuniões com os clientes. O ideal é levar um protótipo MacGyver e um material de propaganda ou folder que descreva a ideia. O material complementar ajuda os clientes a visualizarem a ideia, e o processo de desenvolvimento desses materiais o ajuda a aprender mais sobre a ideia.

8. Elabore um Demonstrativo Financeiro Reverso

Um demonstrativo financeiro reverso é uma ferramenta muito útil para identificar premissas financeiras e operacionais. Conforme descrito no Capítulo 3, a abordagem começa apontando a meta do lucro genérico para uma nova ideia no canto esquerdo da página. Depois, trabalhe na parte direita, identificando não mais de três cálculos para cada "ramo" da árvore. O lucro, por exemplo, pode ser decomposto em receita, custos fixos e custos variáveis. A receita, por sua vez, deve ser decomposta em transações e preço por transação. Inclua também as premissas operacio-

INOVAÇÃO DO PLANEJAMENTO À AÇÃO

nais. Por exemplo, as transações podem ser decompostas em número de contatos de vendas pretendidos e a taxa de sucesso total. Oportunidades de vendas, por sua vez, podem ser divididas pelo número de ligações de cada vendedor. A disciplina de mapeamento dos relacionamentos entre as variáveis-chave identifica pontos fracos e incertezas estratégicas.

Se Você Tiver Dias ou Semanas...

Os oito testes descritos anteriormente ajudam a ganhar confiança de que vale a pena gastar tempo desenvolvendo um plano mais detalhado ou investindo em testes mais complicados. Mas eles normalmente não tratam de todas as incertezas críticas. Antes de passar para um piloto caro, considere quatro meios de utilizar melhor os recursos.

9. Faça um Teste Dirigido de Viabilidade

Muitos novos negócios nascem de uma frustração pessoal. Na década de 90, o fundador da Netflix, Reed Hastings teve um momento desses. Ele tinha alugado o filme *Apollo 13* em uma videolocadora de seu bairro e esqueceu-se de devolvê-lo, acumulando uma multa substancial pelo atraso. Numa entrevista ao *The New York Times* em 2006, dizia ele: "Eu tinha uma multa por atraso do filme *Apollo 13*. O atraso fora de seis semanas, e eu devia à locadora $40... A fita cassete havia sido extraviada. O erro foi todo meu, e eu não queria contar isso à minha esposa; assim, disse para mim mesmo: 'Vou comprometer a integridade de meu casamento por uma multa de atraso?' Posteriormente, no caminho até minha academia, percebi que eles tinham um melhor modelo de negócio. Você poderia pagar $30 ou $40 ao mês e praticar o número de exercícios que quisesse.

Manual de Teste

Na realidade, a primeira ideia que Hastings comercializou foi essencialmente uma réplica do modelo da locadora enviada por correio (O modelo de assinatura simples da Netflix "Tudo que você puder alugar" seria implantado mais tarde). Os clientes ainda pagariam multas de atraso – afinal, esse compromisso de devolver os vídeos ajudava a assegurar o estoque adequado de filmes – mas a facilidade de enviar um DVD pelo correio aumentaria a conveniência e a satisfação dos clientes. Por fim, Hastings e sua equipe criaram um sistema incrivelmente sofisticado para administrar os problemas de entrega de milhões de DVDs pelos Estados Unidos, transferido a um modelo de assinatura que comprovou ser altamente destrutivo para a Blockbuster e outras locadoras de vídeo, e depois introduziram o serviço de streaming online que não envolvia distribuição física. Antes de fazer qualquer investimento, no entanto, Hastings fez uma pergunta básica: *Seria possível enviar um DVD via correio e que chegasse intacto?*

Era bastante simples tirar essa dúvida. Ele enviou um DVD a si mesmo em um envelope. Depois de alguns dias, recebeu sua resposta: o serviço postal conseguia de fato realizar a entrega sem danos. Investimento total: menos de $5.

Esse é o chamado de *teste viabilidade* focado, pois ele tenta aumentar a certeza sobre um único elemento operacional em vez de focar em diversas áreas simultaneamente. Há uma série de ferramentas online que podem ajudar a fazer esse tipo de teste. Por exemplo, a InnoCentive, um desdobramento da empresa farmacêutica Eli Lilly, forma um mercado entre cientistas e corporações. Postar um desafio no site pode ser um meio de aumentar a confiança na viabilidade tecnológica da ideia. Se ninguém se apresenta para responder ao desafio, isso pode ser um sinal de que há de fato um obstáculo tecnológico de difícil superação. Mas, se alguém fornece uma solução, lá se vai a incerteza.

INOVAÇÃO DO PLANEJAMENTO À AÇÃO

10. Construa um Modelo Financeiro Detalhado

Como foi visto no Capítulo 3, não trate modelos financeiros como uma verdade absoluta. Entretanto, o processo de desenvolver a santa trindade dos negócios – o demonstrativo de rendimentos, o balancete e o demonstrativo de fluxos de caixa – força os inovadores a aprimorar os elementos essenciais de sua ideia. Essa atividade está na categoria "dias e semanas", pois um modelo financeiro detalhado deve estar fundamentado em pesquisas robustas e passar por diversas repetições. Lembre-se de que o modelo é simplesmente um resumo matemático das premissas, de modo que preste mais atenção nas premissas do que na resposta final. Analise alternativas para identificar quais são as mais críticas e use os resultados para informar outros experimentos.

11. Faça um Protótipo da Experiência de Compra

As pessoas de modo geral associam a prototipagem a produtos físicos, mas como o ponto definitivo de uma inovação comercial é obter receitas e lucros, é válido também fazer protótipos de um modelo de negócio. A experiência de compra em particular oferece insights sobre o alcance da demanda do cliente-alvo, outros elementos no conjunto de considerações do cliente, os mecanismos da compra motivacional e de consumo etc.

Vejamos o aprendizado de uma empresa de brinquedos quando ela experimenta um novo canal de distribuição. Nos últimos anos, uma serie de varejistas têm experimentado maquinas de vendas com formatos pequenos. Por exemplo, uma série de aeroportos, estações de ônibus e de trens, e pontos de parada à beira de estradas nos Estados Unidos agora têm quiosques Best Buy, em que os viajantes podem escolher plugs para seus laptops, novos fones de ouvido, aparelhos GPS etc. A combinação entre produtos pequenos e preços justos faz dessas máquinas uma proposta atraente para a Best Buy.

E se em vez de vender brinquedos a varejistas, a empresa criasse um conceito similar para vender jogos, bonecos etc.? Em particular, a empresa estava interessada em implementar um quiosque em hospitais. Os pais geralmente acabam indo a hospitais por razões inesperadas e têm de usar a criatividade para entreter os filhos. A empresa tinha questões sobre o *merchandising* a ser incluído em uma máquina e a atração do consumidor para a proposta. Em questão de semanas, a equipe da Innosight simulou a experiência de compra, que envolvia quatro componentes:

1. Um aplicativo simples simulava o que os consumidores experimentariam no quiosque.
2. Um monitor LCD exibia uma apresentação com as imagens do produto.
3. Uma série de produtos ficava disponível sobre uma mesa.
4. Alasdair (um diretor da Innosight que liderava a iniciativa), que recebia o "pedido" do tablet por uma mensagem de texto e "finalizava" a compra retirando o produto da mesa.

O teste custou menos de mil dólares e forneceu à empresa um rico aprendizado sobre muitas de suas incertezas. Especificamente, a demanda morna levou a empresa a abortar a ideia. Muito melhor tomar uma decisão após um investimento de mil dólares que um de um milhão de dólares.

Um outro nome para esse tipo de experimento é *teste de transação*. Uma empresa que tem adotado o conceito de testes de transação nos últimos anos é a Procter & Gamble. Historicamente, a empresa tem seguido uma metodologia rigorosa com base em pesquisas para determinar o potencial de uma ideia. Essencialmente, ela envolvia uma amostra estatisticamente significativa da reação dos consumidores a um conceito. Às vezes, a P&G daria o produto aos consumidores para que

INOVAÇÃO DO PLANEJAMENTO À AÇÃO

o usassem por algumas semanas antes de iniciar pesquisas; outras vezes, os consumidores simplesmente liam a descrição de uma ideia. Modelos sofisticados que comparavam os resultados das pesquisas com conceitos comparáveis permitiam à organização prever com bom grau de precisão as receitas obtidas com os novos produtos. No entanto, a organização buscava melhorar sua capacidade de lançar novas marcas e modelos de negócios, reconhecendo que essa nova metodologia era menos valiosa com novos conceitos. Os consumidores poderiam reportar que usariam um novo produto mesmo se não o fizessem ou alegariam não estar interessados em algo que compravam sem pestanejar. Não significava que os consumidores estavam procurando conscientemente iludir a P&G. Ao contrário, faltando uma estrutura confiável de referência para o novo produto, eles não fariam um bom trabalho projetando se e como efetivamente o utilizariam.

Desse modo, a P&G decidiu seguir uma nova metodologia. As equipes criariam pequenos lotes de produtos, introduzindo-os nos escritórios da P&G, na loja da empresa, ou até em parques de diversão ou shopping centers. Seguindo o mantra de "fazer pouco, vender pouco", o objetivo não era atingir grandes receitas, e sim oferecer à equipe um aprendizado sobre o que realmente tocava os consumidores. Como as pessoas reagiriam a isso? O que as levaria a recomendá-la a amigos? O que levava à falta de interesse? O que as fazia voltar? Então, claro, eles podiam ver o que acontecia quando o consumidor levava o produto para casa e efetivamente o utilizava.

A P&G se tornou ficar muito criativa com esse processo. Por exemplo, em 2008 estávamos trabalhando com uma equipe responsável pelo desenvolvimento de uma plataforma tecnológica revolucionária que introduziria uma linha popular de tratamento para a pele, como um spa especializado para a casa das pessoas. Infelizmente, a tecnologia levaria anos para estar pronta para uso fora do laboratório. Algumas empresas especializadas, no entanto, tinham introduzido produtos similares (mas menos efetivos) no mercado. A P&G decidiu comprar alguns produtos de concorrentes e os utilizou como base para um teste de operação. Não apenas o teste deu à equipe maior confiança de estar trabalhando em uma necessidade profunda, como também mostrou a eles que as soluções competitivas pareciam estar perfeitamente adequadas para agradar o consumidor. Em vez de trabalhar durante anos em uma solução patenteada, eles poderiam licenciar a tecnologia e utilizar suas competências para criar marcas e escala, e transformar uma pequena ideia em uma grande.

Se Você Tiver Meses...

Normalmente, os testes descritos anteriormente estimulam os inovadores a atingir a metade do quadro de certezas dos primeiros passos. A ideia parece ser viável. Os consumidores experimentaram uma versão da ideia e parecem gostar dela. Os números são consistentes. Pode ser tentador, neste estágio, fazer grandes investimentos e acelerar o progresso. Tenha cautela. Os experimentos acadêmicos geralmente contrastam com os chamados experimentos *direcionados* e *integrados*. A maioria dos testes descritos anteriormente é do tipo direcionado, pois visa identificar uma única solução desconhecida. Às vezes, no entanto, os elementos desconhecidos estão inter-relacionados ou podem ser endereçados somente por meio de um experimento integrado, que aborda vários elementos de uma única vez. Os experimentos finais a seguir fazem exatamente isso – simulam pequenas versões do negócio seja para validar os resultados dos experimentos menores feitos até agora e descobrir um caminho mais viável a seguir ou para mostrar que não vale a pena insistir nessa ideia.

INOVAÇÃO DO PLANEJAMENTO À AÇÃO

12. Faça um Protótipo do Modelo de Negócio

O primeiro tipo de experimento integrado foca especificamente nos elementos-chave do modelo de negócio, isto é, se uma ideia gerará valor para o cliente e se o meio de entrega desse valor é viável. Um protótipo do modelo de negócio não se preocupa em desenvolver os sistemas para gerar escala. Em vez disso, ele mostra como as partes de um modelo de negócio podem se ajustar para ver se a escala vale a pena.

Considere como a Kraft Foods testou um novo modelo de negócio alguns anos atrás. À época, a empresa de 110 anos abrigava algumas das marcas alimentícias mais veneradas do mundo, tais como os biscoitos e petiscos Oreo, Kraft Macaroni & Cheese, e os lanches de carne da Oscar Mayer (alguns anos após este estudo de caso, a Kraft se dividiu em duas, com a Mondelēz Internacional detendo as marcas originais de petiscos, incluindo a Oreo, e as marcas de chocolates Milka e Cardbury, além da goma de mascar Trident).

Em 2009, a empresa havia identificado um problema. Embora os consumidores que tivessem crescido nas décadas de 50 e 60 adorassem os produtos da Kraft, aqueles que haviam crescido na década de 70 e após tinham se afastado de muitas de suas marcas.[13] Com várias marcas enfrentando uma redução nas perspectivas de crescimento, a Kraft buscava encontrar novas formas de conexão com esse grande grupo de consumidores. Foi pedido a David Bardack e Nancy Fitzgerald, membros de uma equipe interna de inovação, para que entendessem os hábitos do grupo que intitularam "Gen-Now" e desenvolvessem estratégias inovadoras de crescimento.

O orientador da equipe era Bob Lowe, um veterano com trinta anos na empresa. Sob sua orientação, eles fizeram o que é comum em inúmeras organizações que enfrentam condições similares. Conduziram pesquisas de mercado para entender os hábitos, práticas e preferências

---

[13] Nem todos tinham se afastado. Nossa filha de cinco anos jura que a Kraft Macaroni & Cheese é o melhor salgadinho do mundo. É difícil discutir diante de tal ponto de vista.

124

desse grupo. Contrataram uma consultoria especializada (Innosight) para prover capacidade e competências. Fizeram reuniões de *brainstorming* multifuncionais que incluíam participantes ecléticos, como um chefe de cozinha e uma nutricionista. Reabilitaram uma longa lista de ideias até chegar a uma meia dúzia delas e desenvolveram casos de negócios mais detalhados em torno das ideias principais.

Então, a equipe fez algo drasticamente diferente. Eles compraram um caminhão e começaram a vender pizzas.

Voltemos a maio de 2009. Uma das ideias intrigantes que a equipe estava explorando era chamada "Mobile Morsels". As pesquisas tinham revelado que muitos consumidores consideravam a hora do almoço frustrante. Eles trabalhavam em parques corporativos com ofertas reduzidas de alimentos, e não tinham tempo suficiente para ir de carro até restaurantes com maior variedade e qualidade. Além disso, esses restaurantes mudavam os preços ao sentir o peso da recessão econômica em curso. Trazer o lanche embrulhado em papel não agradava os consumidores.

A equipe pensou e se oferecêssemos pizzas quentes deliciosas a esses consumidores? A Kraft já oferecia pizzas sob sua marca DiGiorno em estádios e para outros fornecedores de produtos alimentícios. Os *food trucks gourmets* estavam se popularizando em Boston, São Francisco e Nova York. Pareciam ser a grande intersecção de uma marca central, uma tendência emergente, uma oportunidade de mercado e um modelo de negócio atraente.

Quando a equipe reuniu o estudo de caso para a ideia, eles se basearam em analogias externas para implementar o estudo. Montaram um modelo da ideia para ajudar a consolidação de sua compra. Em seguida, trabalharam para identificar as incertezas mais críticas ocultas sob o sucesso. Em particular, a equipe estava preocupada se:

INOVAÇÃO DO PLANEJAMENTO À AÇÃO

- os consumidores achariam o conceito do *menu* estimulante;
- pudessem encontrar razões suficientes para fazer o modelo de negócio funcionar;
- pudessem driblar as intricadas leis de zoneamento;
- a novidade do conceito geraria testes, repetição e, por fim, a aceitação dos consumidores.

Algumas dessas premissas podiam ser abordadas por meio de pesquisas, mas a equipe defendeu que algumas delas podiam ser abordadas somente em um piloto completo do modelo de negócio. Na reunião de revisão com a CEO Irene Rosenfeld, a equipe se alinhou com uma meta possível: obter receita de 1 dólar em cem dias.

Assim, algumas semanas depois, a equipe se encontrava no Canadá buscando a caminhonete que tinham encontrado por meio do melhor amigo dos empreendedores com recursos limitados: eBay. Nas semanas seguintes, eles trabalharam para converter a caminhonete em um veículo que ofertasse uma marca de alta qualidade (veja a foto a seguir). No início de setembro, montaram um lanche leve – a oferta gratuita de pizzas a 175 funcionários da Kraft – para fazer pequenos ajustes operacionais. Posteriormente, na segunda semana de setembro, empreenderam a próxima etapa natural – vender pizzas ao consumidor em geral.

Como sempre acontece, o aprendizado com o mercado aumentou a confiança em algumas áreas e diminuiu-a em outras. As questões da cadeia de suprimentos, que pareciam ser uma grande preocupação nas reuniões anteriores, provaram ser relativamente triviais. A reação dos consumidores foi suficientemente positiva de modo que a Kraft pôde vislumbrar o caminho para o desenvolvimento de um conceito duradouro e atrativo. Os desafios ligados ao zoneamento, no entanto, mostraram-se mais complicados. O sucesso exigiria um bocado de negociação dependendo do caso com os órgãos regulatórios locais. Isso era aceitável, mas sugeria que o conceito poderia ser mais bem desenvolvido como atividade de franquia em vez de modelo próprio da organização.

Pizza truck DiGiorno da Kraft

Talvez, ainda mais importante que o aprendizado específico, a equipe aprendeu que caso se empenhassem no que parecia ser um objetivo absurdo – obter receita menos de cem dias após apresentar a ideia à gerência – eles poderiam atingir resultados surpreendentes e desenvolver preciosos insights em seus negócios.

Infelizmente para os que estão com água na boca, e que procuram no Google a localização do *pizza truck* DiGiorno mais próximo, a Kraft em 2010 vendeu a marca para a Nestlé, que decidiu não continuar com o projeto. No entanto, o processo certamente ajudou a Kraft a reconstruir suas competências de inovação, preparando o terreno para um posterior sucesso em 2010 e anos posteriores sob a orientação do vice-presidente da Breakthrough Innovation Barry Calpino.

INOVAÇÃO DO PLANEJAMENTO À AÇÃO

13. Faça um Teste de Utilização com Base Pequena

Quando os elementos desconhecidos mais críticos giram em torno do comportamento dos clientes, é importante ter suas ideias nas mãos de pessoas reais por algum período de tempo. O ponto não é maximizar receitas ou lucros, mas sim descobrir se você já encontrou a combinação bem-sucedida de uma solução convincente para um problema importante. Em alguns casos, reunir potenciais clientes durante uma tarde pode ser suficiente, mas outras ideias exigem o uso de um tempo extra para a determinação de padrões de comportamento, referências de clientes etc.

A diferença entre protótipo do modelo de negócio e teste de utilização de base pequena é que o primeiro foca nas premissas econômicas, enquanto o segundo no uso pelo cliente final.

O Capítulo 3 descreveu o caso da Align, a solução probiótica para pacientes com síndrome do intestino irritável (*irritable bowel syndrome* – IBS) introduzida pela P&G. Estava muito claro que para atingir escala, o modelo definitivo de negócio seria o tradicional modelo de anúncios para o mercado de massa associado à distribuição disseminada via canais varejistas. No entanto, como a incerteza-chave estava na frequência diária e nas compras repetidas, a P&G executou um experimento por meio de um site especial, chamado aligngic.com, em que os pacientes podiam encomendar o produto. A P&G trabalhou com clínicos gerais em três cidades americanas para estimular a demanda. O assunto começou a ser disseminado em comunidades online repletas de pacientes com IBS, e em questão de poucos meses havia encomendas de praticamente todos os estados americanos.

A distribuição direta possibilitou à P&G se engajar regularmente com os pacientes por meio de fóruns online e blogs para aprender mais sobre frequência de uso, compras repetidas, etc. Esse experimento não apenas aumentou a confiança de que a organização tinha uma grande ideia em suas mãos, mas também forneceu aprendizado útil sobre embalagem, criação de marca e comunicação com os pacientes. Por exemplo,

128

os pacientes tinham de tomar o produto todos os dias para ele ser eficaz, e algumas pessoas reportaram à P&G que nem sempre conseguiam lembrar se haviam tomado ou não a pílula. A P&G modificou a embalagem de modo que as pílulas ficassem em uma cartela que indicava os dias da semana, tornando muito mais fácil para os pacientes se orientarem.

14. Faça um Piloto Operacional

Embora os experimentos anteriores abordassem um aprendizado focado, um piloto operacional serve, essencialmente, como uma versão em menor escala do negócio planejado. Trata-se de um experimento totalmente integrado, com o objetivo de desenvolver um plano de lançamento e a escala de um negócio. Os pilotos operacionais podem ser bastante complicados. Por exemplo, em 2011 a Innosight trabalhou com a fabricante de dispositivos médicos Medtronic para gerenciar um novo modelo de negócio na Índia. Esse modelo de negócio visava enfrentar um problema crucial: a população da Índia tem o maior índice de doenças cardíacas do mundo, mas a penetração do principal marca-passo da Medtronic era tremendamente baixa. Determinamos duas causas básicas para essa baixa penetração:

- **Falta de conhecimento:** A falta de cuidados básicos consistentes indicava que muitos pacientes não sabiam que um marca-passo poderia tratar sintomas como fraqueza e tontura.

- **Falta de acessibilidade:** A maioria dos indianos arca diretamente com os gastos com cuidados de saúde. O marca-passo básico da Medtronic custava cerca mil dólares, o que o colocava fora do alcance da maior parte dos pacientes.

Nomeamos o programa de "Healthy Heart for All". Ele envolvia uma combinação inovadora entre marketing direto (folders, outdoors e

INOVAÇÃO DO PLANEJAMENTO À AÇÃO

sites), tendas de diagnósticos onde técnicos usavam aparelhos de eletro-cardiograma de baixo custo para examinar dezenas de pessoas, enviando os resultados para clínicos gerais a centenas de quilômetros de distância, mudanças na cadeia de suprimentos para reduzir os custos que os hospitais selecionados pagariam pelos marca-passos, e o primeiro plano de financiamento indiano para dispositivos médicos.[14]

Em 2011, lançamos pilotos em parceria com três hospitais na Índia. A intenção era ver se esses esforços causariam aumentos reais ou significativos em implantes de marca-passos e se o novo programa de financiamento era comercialmente viável. Os hospitais selecionados eram de regiões diferentes para fazermos comparações cruzadas. Os pilotos forneceram um rico aprendizado sobre a combinação ideal entre técnicas geradoras de consciência, como selecionar melhor e trabalhar com hospitais, e para dominarmos a complexidade operacional do esquema de financiamento. Em 2012, foram examinados 20 mil pacientes que resultaram em 2 mil implantes de marca-passos.

Em meados de 2012, Omar Ishrak, CEO da Medtronic informou aos analistas de investimento que a experiência com os hospitais-pilotos fez dobrar o número de implantes de marca-passos. Com base nos resultados positivos, a Medtronic decidiu aumentar a escala do programa pela Índia e potencialmente a outros mercados também. À época da escrita deste livro, centenas de empréstimos haviam sido concedidos sem que a Medtronic sofresse uma única falta de pagamento.

Os pilotos operacionais guardam fortes semelhanças com os protótipos de modelos de negócio. No entanto, normalmente eles envolvem mais investimentos, pois realmente são versões em sub-escala do negócio planejado em vez de iniciativas controladas para aprender sobre o modelo de negócio. Isso também os torna mais arriscados. Como tal, eles

---

[14] Pense sobre isso por um minuto. Se você contrata um empréstimo para a compra de uma casa e não paga, o banco retoma a posse da casa. Se você obtém um empréstimo para um dispositivo médico implantável e não paga...

Manual de Teste

devem ser realizados quando você está relativamente confiante de que a oportunidade é viável e quer otimizá-la em seu lançamento.

Mensagens importantes deste capítulo:

1. Há muitos meios diferentes de aprender sobre uma ideia.
2. Compare o teste com a maior incerteza estratégica subjacente a suas ideias.
3. Mantenha as condições mais simples possíveis – muitos testes valiosos podem ser feitos em apenas algumas horas.

RESUMO DA PARTE I

Lista de Preparação para os Primeiros Passos

Você está preparado para enfrentar com confiança os primeiros passos da inovação? Utilize os 14 itens a seguir como uma lista de controle que avalia o grau com que você coloca as ideias dessa primeira parte do livro em prática.

DOCUMENTE A SUA IDEIA

1. A ideia está clara e compreensivelmente documentada.
2. Recursos visuais e relatos ajudam a dar vida à ideia.

AVALIE A IDEIA A PARTIR DE VÁRIOS ÂNGULOS

3. Definimos claramente os critérios de sucesso.
4. Avaliamos a ideia em relação a padrões qualitativos de sucesso.
5. Determinamos premissas financeiras por meio de dados financeiros reversos.

FOQUE NAS INCERTEZAS ESTRATÉGICAS MAIS CRÍTICAS

6. Temos uma lista de execução de incertezas

INOVAÇÃO DO PLANEJAMENTO À AÇÃO

7. Temos listado os principais impeditivos do negócio e outras incertezas focais.

TESTE RIGOROSAMENTE E ADAPTE RAPIDAMENTE

8. Procuramos "túneis de vento" – meios eficientes para aprender sobre pontos desconhecidos.
9. Nossa equipe de aprendizado é pequena, focada e apropriadamente talentosa.
10. Nosso plano de teste tem claras hipóteses, objetivos e previsões, além de planos detalhados de execução.
11. Temos predisposição à ação e somos orientados ao mercado em nossa abordagem do aprendizado.
12. Planejamos acolher limitações conscientes para acelerar o aprendizado e preservar a flexibilidade.
13. Já temos reuniões definidas para a predeterminação de marcos.
14. Estamos abertos a todas as opções, incluindo a pivotagem ou o encerramento.

A figura a seguir mapeia esses 14 itens nas quatro partes do processo DAFT e também destaca as ferramentas-chave a utilizar ao longo dessa trajetória.

Panorama do kit de ferramentas dos primeiros passos e lista de controle

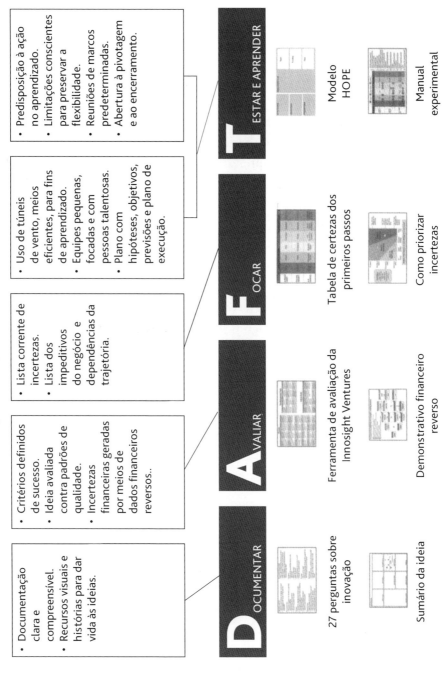

PARTE II

Superando os Desafios dos Primeiros Passos

Embora o processo DAFT seja simples, o perigo espreita os primeiros passos da inovação. O Capítulo 7 descreve como superar quatro desafios comuns que as equipes – sejam *startups* isoladas ou grupos dentro de corporações de grande porte – normalmente encontram. O Capítulo 8 aborda mais especificamente os sistemas que podem tornar a experimentação estratégica uma ação mais natural em grandes companhias cujo objetivo principal é executar o modelo atual de negócio. Finalmente, o Capítulo 9 detalha as recomendações para líderes que visam consolidar suas habilidades, para lidar com os desafios desconhecidos que enfrentarão nos primeiros passos da inovação – ou em qualquer situação caracterizada por alto grau de ambiguidade.

CAPÍTULO 7

Superando os Quatro Desafios dos Primeiros Passos

Praticamente todos os dias arriscamos nossas vidas, mesmo sem perceber. Isso acontece quando entramos no carro. Apesar do esforço de tornar os carros mais seguros e de melhorar as condições das vias, a cada ano morrem mais de um milhão de pessoas em acidentes automobilísticos mundo afora. Há um modo de enquadrar os perigos que ainda existem em nossas vias. Em 11 de setembro de 2001, os ataques terroristas marcaram fortemente a consciência americana e, de fato, a consciência global. Cerca de 3 mil pessoas morreram nos ataques ao World Trade Center, ao Pentágono e no voo 93 da United Airlines, que caiu na Pensilvânia. O sistema de trafego aéreo da nação foi fechado por dois dias, e o medo de voar levou muitas pessoas a evitar aviões em favor de carros aparentemente mais seguros. Um estudioso alemão estimou que essa mudança gerou um aumento de 16 mil mortes no trânsito no ano seguinte. Eventos particulares não ganham as manchetes como os públicos, mas esses números não são menos aterrorizadores.

O processo DAFT rigorosamente atua como uma espécie de um *airbag* para inovadores passando pelos primeiros passos da inovação. As páginas a seguir descrevem quatro desafios comuns (resumidos no Quadro 7-1), sinais de alerta que sugerem se você está (geralmente sem

INOVAÇÃO DO PLANEJAMENTO À AÇÃO

intenção) com problemas, e dicas para retomar uma trajetória segura. Considere este capítulo como seu professor de autoescola e seu sistema GPS!

QUADRO 7-1

Desafios dos Primeiros Passos

Nome	Por que isso acontece?	Questões para discussão
Pegar um caminho errado	Iludido pelo *espaço branco de ouro* de tolo – ao mirar em um mercado supostamente atrativo.	• Por que ninguém mais já fez isso? • Há pessoas que realmente se importam o bastante com o problema para gastar tempo ou dinheiro para abordá-lo?
Ficar sem combustível	Orçamentos ou prazos de projetos subestimados devido à falácia do planejamento ou planejar para apenas uma correção de curso (quando três ou quatro são requeridas).	• Como as estimativas orçamentárias ou de prazos se comparam com projetos similares ou com projeções de especialistas externos? • Quais são os planos C e D caso o plano B não funcione? • Como podemos gerir o investimento para garantir espaço para futuros investimentos?
Selecionar o condutor errado	Ter um líder de negócio a quem falta empatia com o mercado-alvo e/ou experiências relevantes que impedem o progresso.	• Algum membro da equipe tem profunda empatia com os clientes-alvo e seus problemas? • Temos "escolas de experiência" pertinentes ao nosso problema ou aos desafios gerais de criar novos negócios?
Perder o controle [do negócio]	Buscar um aumento prematuro da escala do negócio que ainda não obteve uma profunda atratividade com clientes ou nem desenvolveu um modelo de negócio viável.	• Com que frequência os clientes estão recomendando o negócio a outros clientes? • Como iremos gerar valor econômico? • Se perdemos dinheiro em cada transação, como lidaremos com o volume? Há fundamentos econômicos verdadeiros para a escala do negócio?

Superando os Quatro Desafios dos Primeiros Passos

Desafio 1: Pegar um Caminho Errado

De modo geral, não há mapas detalhados no que se refere à inovação. Isso torna perigosamente fácil pegar um caminho errado e terminar em um destino desapontador. A razão mais frequente por que os inovadores fazem movimentos errados é a ilusão do *espaço branco* do ouro de tolo.

Os inovadores usam diferentes cores – espaço "branco", campo "verde" ou oceano "azul" – para descrever os mercados ainda não existentes, que parecem ter potencial de crescimento Afinal, muitos dos negócios com grande crescimento da história nasceram da criação de novos mercados, como o modelo de leilão online do eBay ou o console Wii da Nintendo. No entanto, um dos negócios que tentamos desenvolver nos mostrou que, às vezes, o *espaço branco* existe por uma razão.

Durante os últimos anos, emergiu um conceito interessante chamado *turismo médico*. A ideia básica é simples. Muitos procedimentos médicos em países asiáticos como Tailândia e Cingapura são claramente mais baratos do que nos Estados Unidos.

E alguns hospitais nesses países são de primeira linha, com médicos altamente treinados e equipamentos de ponta. A diferença de custos é de tal monta que uma seguradora conseguia fornecer aos pacientes bilhetes aéreos de primeira classe e acomodação em hotel cinco estrelas, cobrir o procedimento médico e ainda fechar as contas com tranquilidade. Nós formamos uma *joint-venture* com o Ministério da Saúde de Cingapura para desenvolver o negócio, com foco na atração de pacientes americanos. Contratamos um *expert* altamente qualificado da área de saúde para liderar a iniciativa. O negócio parecia ótimo, o plano no papel parecia estelar, e uma série de entrevistas detalhadas com gerentes de benefícios de empresas listadas na Fortune 500 indicavam demanda de mercado.

INOVAÇÃO DO PLANEJAMENTO À AÇÃO

Um membro da equipe, no entanto, estava cético. Ele se perguntava por que nenhuma pessoa ainda não havia criado um negócio para explorar esse mercado aparentemente óbvio.[15] Como Matt Eyring e Clark Gilbert descreveram em um artigo sobre gerenciamento de riscos na *Harvard Business Review*, em 2010, ao fazer experimentos simples, a equipe: "ficou sabendo que a demanda de pacientes era, na verdade, bastante morna e limitada a uma faixa muito restrita de procedimentos, e que os hospitais estavam dispostos a reduzir seus preços – em alguns casos em níveis próximos dos internacionais – se os pacientes depositassem algum adiantamento como sinal. Ao deixar de abordar seus maiores riscos – que não existia mercado para seus serviços – de maneira mais barata e rápida, os membros da equipe desperdiçaram recursos significativos e perderam uma oportunidade crítica para redirecionar sua estratégia a algo mais promissor, tal como um empreendimento restrito a viagens médicas regionais pelos Estados Unidos ou viagens a um destino internacional próximo, como o México".

Espaços de mercado despovoados devem ser apreciados cautelosamente. A primeira pergunta deve ser: Por que esse espaço não está povoado? Se uma mudança tecnológica, regulatória ou societária abriu um novo nicho de oportunidade ou se você tem um ativo único que transforma um mercado inatingível em atingível, prossiga. Tenha cuidado com três outras circunstâncias menos promissoras:

- Uma demanda declarada por um cliente não é uma necessidade real dele (conforme discutido no Capítulo 4, os clientes mentem quando dizem que farão coisas que efetivamente não farão).

---

[15] Isso faz lembrar a piada de dois economistas que veem uma nota de $100 no chão. "Ignore-a", um diz para o outro. "Por causa da eficiência do mercado, ela só pode ser dinheiro falso, senão alguém já a teria pegado." Às vezes, deve-se ter uma perspectiva renovada para vermos grandes oportunidades, mas outras vezes a nota de $100 realmente não existe.

- Há interessados poderosos que podem inibir a adoção de uma nova ideia (por exemplo, reguladores ou compradores).
- Os fundamentos econômicos do espaço/ideia não são atrativos (veja mais no Desafio 4 a seguir).

Um exercício reflexivo importante é se colocar na posição do "proprietário" natural do *espaço branco* (se pudermos identificar alguém). Conforme explicado por Pete Bonee, sócio da Innosight Ventures: "Faça a pergunta a si mesmo: Por que isso não foi feito antes? Quem são as pessoas que poderiam ter feito isso antes? Elas tentaram? Por que tentaram ou não? Se isso é óbvio para nós, por que não era óbvio para outras pessoas inteligentes que tinham oportunidade de ganhar dinheiro? O que elas sabem que desconhecemos? É certo, algumas pessoas veem mercados antes das demais, mas se o sucesso é previsto exatamente por suas inteligências superiores (nós vemos isto e elas não), prossiga com uma certa dose de cautela. Certifique-se de utilizar o Manual Experimental para rapidamente eliminar os riscos que desorientaram nosso negócio de turismo médico.

Desafio 2: Ficar Sem Combustível

Um dos maiores inimigos de um inovador reside nas tendências que tornam os indivíduos (e grupos de indivíduos) tomadores de decisão menos ideais do que o desejado (O Apêndice B resume algumas dessas tendências). Um problema particularmente pernicioso dos primeiros passos resulta do que os pesquisadores em psicologia chamam de *falácia do planejamento*. Os profissionais internos fazem um trabalho particularmente fraco ao projetar quanto tempo os projetos demandarão e quais serão seus custos. A falácia do planejamento frequentemente faz os inovadores ficarem sem combustível nos primeiros passos da inovação, destinados a jamais atingir seus destinos.

INOVAÇÃO DO PLANEJAMENTO À AÇÃO

Os laureados com o prêmio Nobel Daniel Kahneman e Amos Tversky divulgaram a ideia básica em um artigo respeitado de 1979. Como recontado em *Thinking, Fast and Slow*, de Kahneman (leitura obrigatória), um estudo constatou que os típicos proprietários de casas esperavam que seus projetos de reformas custassem na faixa de 19 mil dólares. O custo médio efetivo? Trinta e nove mil dólares. Apesar das amplas informações disponíveis, 90% dos projetos de ferrovias de alta velocidade erraram os orçamentos e as estimativas do número de passageiros, com uma estimativa média exagerada de passageiros de cerca de 100% e uma subestimativa do orçamento de cerca de 50%. A experiência prévia também não ajuda. De fato, participantes externos, não envolvidos de modo geral, dão projeções mais realistas (mesmo que um pouco tendenciosamente negativa) do que os *experts* envolvidos.

Nosso investimento de 2009 em uma empresa chamada Versonic demonstra como a falácia do planejamento pode destruir um negócio promissor. Essa empresa estava desenvolvendo um mixer de áudio digital disruptivo que era significativamente mais simples e barato que os modelos oferecidos por líderes da indústria, como a Harman e a Euphonix. O produto visava a um claro *espaço branco* na forma de locais que desejavam o benefício de uma tecnologia de mixagem profissional, mas que não tinham a capacidade ou habilidades de explorar soluções existentes. Imaginamos mercados como hotéis, restaurantes e igrejas. Alguns clientes corporativos até expressaram interesse conceitual no uso do sistema em salões de conferências.

Tudo parecia ótimo. O plano original apontava que a Versonic gerasse suas primeiras receitas em 2010. O fato é que o protótipo básico da prova do conceito não ficara pronto até o fim daquele ano. Esse protótipo gerou pedidos antecipados dos distribuidores, mas a empresa tinha ficado sem dinheiro e agora precisava de cerca de $1,5 milhão em investimentos extras para fabricar seu primeiro lote de produtos. Esse montante excedia a quantia máxima que podíamos investir através

Superando os Quatro Desafios dos Primeiros Passos

do nosso fundo, nenhum investidor de risco da região tinha qualquer interesse no nicho, e embora as organizações de grande porte do setor pudessem considerar adquirir um negócio gerador de receitas, não investiam em empresas emergentes. Sem uma fonte viável de recursos, o negócio fechou as portas em 2011.

A história da Versonic não é incomum. Minha regra básica para *startups* é: "Sempre demanda mais tempo, e sempre os custos são maiores". Os inovadores podem usar três estratégias para lidar com a falácia no planejamento:

- **Obtenha dados de iniciativas comparáveis.** Se você examinar as *startups* do *espaço branco* mais quentes da última década, verá que a receita média do terceiro ano é bem menor que $100 milhões. Tenha cuidado se seu plano sugere que seus resultados serão melhores do que o das mais bem-sucedidas.

- **Crie espaço para perdas.** Temos visto que para o nosso portfólio, as receitas das empresas têm um crescimento mais lento e o desenvolvimento demora mais tempo do que até mesmo nos piores cenários. Isso levou a uma mudança na nossa estratégia de financiamento: não investiríamos na empresa a menos que houvesse um coinvestidor para garantir que a empresa tenha uma janela maior e possa evitar um modelo de angariação de fundos perpétuo. Conforme colocado pelo autor e conferencista Guy Kawasaki do Vale do Silício: "Como regra prática, quando vejo uma projeção, adiciono um ano ao prazo de entrega e multiplico as receitas por 0,1".

- **Seja disciplinado.** Pete Bonee acredita que as empresas, de modo geral, "esgotam suas baterias" com falsas partidas de ida ao mer-

INOVAÇÃO DO PLANEJAMENTO À AÇÃO

cado antes de gerarem um verdadeiro impulso, estabelecerem firmemente sua proposta de valor ou descobrirem seus modelos econômicos. "Os empreendedores precisam ter um corpo diretivo que os force a obter os fundamentos certos primeiramente, e que administre seus gastos para limitar o esgotamento de bateria no intervalo", diz ele. "Como diz o ditado, 'Primeiro estabeleça firmemente o negócio para depois obter escala'."

A falácia do planejamento passa a ser somente um maior desafio quando você reconhece a realidade que o sucesso normalmente requer em pelo menos um par de mudanças erradas ou falsas partidas. Lembre--se da definição de *startup* de Steve Blank, no Capítulo 1, como uma organização temporária que está buscando um modelo escalável de negócio. Ela observa que: "Nenhum plano de negócio sobrevive no primeiro contato com o mercado". Isso é aceitável contanto que os inovadores, nas palavras de Eric Ries, pupilo de Blank, estejam preparados para "pivotar" até uma estratégia mais bem-sucedida. No entanto, uma lição que aprendemos é que o sucesso raramente nasce de uma única mudança. Mais que isso, a maioria dos negócios pede ao menos duas mudanças de rumo antes do sucesso.

Considere as atividades de investimento da Innosight. A teoria subjacente a nossos primeiros esforços em 2005 era que o apoio único de Clayton Christensen, da Harvard, (cofundador da Innosight e guru da inovação de prestígio mundial) nos garantiria o que o setor denomina *fluxo de negócio próprio*, ou seja, veríamos ideias que ninguém mais no mundo veria.

Vimos de fato algumas ideias inovadoras. Por exemplo, em 2006, recebemos um plano de negócio para o Helios 2. O Helios 1 é ... o Sol. O plano estabelecia: "A Tecnologia do Novo Sol (Helios 2) evitará os problemas da competição contraprodutiva por segurança energética entre os geradores tradicionais de energia elétrica e os países produtores de

Superando os Quatro Desafios dos Primeiros Passos

petróleo e restaurará um equilíbrio por um suprimento justo de energia que é fundamental para a suficiência e estabilidade global. O Hélios 2 será o segundo Sol, com um rendimento possível total capaz de se equiparar aos 386 bilhões de megawatts do Sol." Tudo o que demandaria seriam $ 98 bilhões para a aquisição da tecnologia. Sim, esse era um montante fantástico. Claramente, ainda não tínhamos encontrado a fórmula para o sucesso. Concluímos que o mercado para investimentos em *startups*, ao menos nos Estados Unidos, funcionava com uma eficiência razoável.[16]

Em 2007, nossa próxima rodada de investimentos em capital de risco foi baseada no conceito que o processo que formara a espinha dorsal de nossas atividades de consultoria nos forneceria uma habilidade única para criar nossos próprios empreendimentos. Embora a abordagem sistemática mostrasse algumas oportunidades interessantes, o pequeno grupo de pessoas que tinham experiência limitada no lançamento de novas *startups* lutava para competir com um número astronômico de empreendedores mundo afora. Consideramos esse experimento um fracasso comercial, embora estivéssemos satisfeitos com o substancial aprendizado por estarmos nos primeiros passos da inovação.

Finalmente, em 2009, decidimos fundamentar nossos esforços de investimento em nichos de mercado com alto potencial e lapidar ideias brutas em modelos de negócios sustentáveis (seguindo amplamente a metodologia detalhada neste livro e em outras publicações da Innosight). Este livro ainda não estava concluído neste experimento, mas, segundo dizem todos, parece estar funcionando. O terceiro tempo é de fato um charme!

---

[16] A ascensão recente da Kickstarter, Indiegogo e outras plataformas de *crowdfunding* apresentariam ao menos algumas evidências contrárias, pois essas plataformas proveram financiamento a milhares de artistas e empreendedores que tinham sido negligenciados por provedores de financiamento tradicionais.

Os patrocinadores de ideias precisam aceitar que qualquer ideia necessitará se transformar gradualmente antes de atingir o sucesso. Essa realidade premia o aprendizado inicial no mercado em detrimento de tratar a inovação como um exercício acadêmico. Quanto melhor for o ponto de partida, obviamente, as mudanças serão menos desconcertantes, mas elementos "desconhecidos não conhecidos" indicam que quanto antes iniciarmos melhor.

Desafio 3: Selecionar o Condutor Errado

Imagine que você passou a vida inteira dirigindo um carro com transmissão automática. Um dia você chega em uma agência de aluguel de carros e constata que eles têm somente carros com transmissão manual. Você se considera um bom motorista, mas é totalmente incapaz de dirigir o carro até algum ponto. Similarmente, os melhores pilotos profissionais do mundo raramente trocam os carros monopostos, que caracterizam as competições de F1 ou Indy, pelos os utilizados na fórmula NASCAR. Como a inovação é uma atividade humana, ter apropriado talento ao volante é criticamente importante.

Os condutores ideais apresentam duas características: empatia com o mercado-alvo e um conjunto de experiências relevantes que os tenham preparado para os primeiros passos da inovação.

Empatia e o Problema dos Milhares de Macacos

A criação de um negócio pode ser abordada metodicamente, mas pode ser difícil ter uma abordagem clínica muito clara do mercado.[17]

---

[17] Há, certamente, exceções – Jeff Bezos foi muito cuidadoso ao escolher livros como o primeiro mercado da Amazon, e ele fez um trabalho excelente para si próprio. Os desafios dos primeiros passos descritos neste capítulo são diretrizes, não regras.

Superando os Quatro Desafios dos Primeiros Passos

Muitos fundadores de empresas começam negócios após uma frustração pessoal. Por exemplo, Reed Hastings foi punido com as altas taxas por não ter devolvido um filme à locadora de DVDs e criou a Netflix. A empatia gerada em torno de clientes, seus problemas, desejos e suas limitações é um ingrediente importante para desenvolver uma solução com ressonância suficiente para suportar um negócio escalonável.

Considere uma empresa com que começamos a trabalhar em 2006 chamada Guaranteach. A ideia arrancou logo após o estudo de Clayton Christensen sobre como revolucionar o ensino primário (resumido em seu livro de 2008 em coautoria com Michael Horn e Curtis Johnson, *Disrupting Class*). As pessoas aprendem de modos diferentes, diz a teoria, mas todas são ensinadas da mesma maneira (por um professor na frente da sala de aula). Bem, nossa ideia era criar uma plataforma em que consumidores acessassem e preenchessem um questionário para determinar suas preferências de aprendizado. Depois, desenvolveríamos uma videoteca com mais de 20 mil vídeos submetidos aos professores.

O negócio teve dificuldades para ganhar força comercial. Pelo menos uma das razões foi o descompasso entre as experiências da equipe gestora e as necessidades da atividade. A Guaranteach era liderada por dois profissionais que, aparentemente, tinham um profundo entendimento dos desafios do ensino e dos tutoriais. Tanto o CEO como o diretor de operações tinham grande experiência de ensino em faculdades, mas essa experiência havia sido adquirida há 10 anos, em outros países, e antes da internet tornar-se onipresente.

Dessa forma, a equipe de liderança da Guaranteach não tinha experiência realmente relevante que lhes forneceria uma profunda empatia com os problemas enfrentados pelos professores e alunos americanos no mundo online. De fato, como observado pelo diretor de operações da Guaranteach Alaisdar Trotter (que atualmente é um dos consultores da Innosight): "Nossas experiências de 10 anos na melhor das hipóteses ajudaram ligeiramente e, na pior, foram perigosamente enganadoras).

INOVAÇÃO DO PLANEJAMENTO À AÇÃO

Penso que George [o CEO] e eu (apesar de nossos protestos) jamais realmente entendemos o que era ser professor em uma escola de Ensino Médio americana – poderíamos ter feito muito mais nessa época para entender os pais, professores, alunos etc.

Esforços de inovação corporativos geralmente sofrem com lacunas de empatia. Por exemplo, alguns anos atrás uma empresa fornecedora de produtos listada entre as 100 melhores da Fortune tomou a decisão estratégica de criar um ramo de serviços. Tratava-se de um projeto de alto perfil. O CEO acreditava profundamente na iniciativa. Os analistas setoriais projetaram que o mercado que a equipe estava mirando seria enorme, e que o campo de jogo ainda estava amplamente aberto. O CEO deu à equipe uma quantidade significativa de recursos, e esta aumentou para um número de 100 pessoas ao longo de um ano.

No entanto, um ano e meio após o início dos trabalhos, a equipe ainda não tinha uma visão clara de seu público-alvo, do modelo de negócio etc. O líder do projeto estava intrigado: "Temos um grupo de pessoas realmente inteligentes – a equipe é a melhor e mais brilhante da organização", ele me disse, "mas realmente continuamos batendo a cabeça".

Solicitei a ele dois tipos de dados: O primeiro era o número de integrantes da equipe que havia lançado com sucesso novos negócios no passado. O segundo era o número de integrantes com experiência no ramo de serviços. Não me surpreendi com a resposta "nenhum" em ambos os casos.

Denomino isso de o *problema dos mil macacos*. O termo faz referência à antiga teoria que se você der a mil macacos mil máquinas de escrever, um deles acabará copiando um grande romance, como *Guerra e Paz*.[18] Muitas companhias, particularmente as que privilegiam a promoção de profissionais internos, acreditam que podem resolver qualquer

---

[18] Aparentemente, os testes correntes dessa hipótese resultaram em muitos teclados de computador destruídos, mas vamos ignorar isso por hora.

Superando os Quatro Desafios dos Primeiros Passos

problema. E se você lhes fornecer tempo suficiente, eles provavelmente solucionam a complexidade dos modelos de negócios que são novos para eles, mas conhecidos no mercado. Mas a verdade é que, às vezes, é muito melhor contratar um *expert* de fora, que conhece completamente o setor ou o modelo. Ele poderá ajudar a minimizar o tempo gasto em becos sem saída.

Por exemplo, quando a Procter & Gamble (historicamente uma empresa que adota o plano de promoções internas) decidiu que queria explorar o ramo de franquias, ela montou uma subsidiária chamada Agile Pursuits, que contratou um profissional externo com boa experiência em administração de franquias, além de comprar uma pequena empresa na Geórgia chamada Carnett's Car Washes.

Essas mudanças aumentaram substancialmente a *expertise* da empresa na execução de modelos de negócio baseados em franquias. Ela começou a testar reservadamente lava-jatos e lavanderias em 2008. Em 2010, expandiu nacionalmente a atividade das lavanderias. Empresas de tecnologia de modo geral seguirão essa estratégia quando executam o que vem sendo chamado um *acqui-hire,* um meio efetivo de acessar competências únicas.

O excesso de *expertise*, é claro, pode ser um problema. Conforme Thomas Kuhn observou em *The Structure of Scientific Revolution*, o que agora denominamos *mudança de paradigma,* por definição, deriva de pessoas de fora da ortodoxia reinante. Os investidores de risco às vezes esperam para contratar um CEO experiente para gerir a escala de uma empresa, por saber que este profissional utilizará o modelo de negócio de seu último empreendimento. Se a empresa ainda está tentando descobrir seu próprio modelo de negócio, isso apresenta desafios. Mas, mantidas todas as outras condições iguais, procure condutores que sabem o que estão fazendo. Um que esteja apenas aprendendo os macetes de um mercado repleto de *experts* poderá acabar debilitado logo nos primeiros passos.

INOVAÇÃO DO PLANEJAMENTO À AÇÃO

Descobrindo Talentos Amigáveis aos Primeiros Passos

De forma ideal, os inovadores têm "escolas de experiência" e personalidades que os preparam para os desafios que enfrentarão à medida que trabalharem em suas ideias. O termo remonta ao livro *High Flyers*, de 1998, do acadêmico Morgan McCall. Nesse livro, o autor argumenta que a gestão é muito mais uma disciplina que pode ser aprendida do que uma capacidade inata. O que fornece as habilidades aos gestores são os cursos que fazem nas escolas de experiência.

Além da experiência específica do setor, o que caracteriza as pessoas com maior probabilidade de sucesso na inovação, e onde as empresas podem encontrar esses talentos?

Os professores universitários Jeffrey Dyer e Hal Gregersen esquematizaram uma distinção útil entre aptidões de "descoberta" e "entrega". Enquanto as últimas referem-se a executar diante de problemas conhecidos, as primeiras referem-se a encontrar respostas a problemas incertos. Entre as aptidões de descoberta que Dyer e Gregersen destacam, temos:

- **Questionamento**: Acrescentar ou impor regularmente limitações ou fazer perguntas simples.

- **Experimentação**: Criar coisas, às vezes, simplesmente para testá-las.

- **Observação**: Se ausentar por um tempo do campo, prestando particular atenção a eventos inesperados.

- **Pensamento associativo**: Reunir conceitos discrepantes, tal como fez Steve Jobs quando se inspirou numa aula de caligrafia na faculdade para criar o design e as funcionalidades dos primeiros computadores Macintosh.

Superando os Quatro Desafios dos Primeiros Passos

Além dessas aptidões, nos primeiros passos os operadores deverão ter três competências únicas:

- **Orientação incrível a detalhes:** É fácil associar a inovação a visionários tresloucados, mas um experimento, particularmente voltado a um mercado, pode ter dezenas de peças em movimento. Uma falta de atenção aos detalhes quase sempre leva a oportunidades desperdiçadas de aprendizado.

- **Conforto com microcorreções de curso:** A equipe da AsiaCom, descrita no Capítulo 5, fez literalmente centenas de pequenas mudanças em seu protótipo para maximizar o aprendizado. Qualquer experimento enfrentará desafios que podem não ser previstos no início. Deixar de fazer mudanças em tempo real minimiza o aprendizado.

- **Vislumbrar o inesperado:** Lembre-se de que realizar experimentos não é para simplesmente confirmar noções pré-existentes, mas também para aprender. Pessoas com curiosidade natural, que gostam de desmontar coisas e de reconstruí-las, podem sinalizar o desenvolvimento inesperado que acaba fornecendo importante aprendizagem.

Como é possível identificar o talento correto? Procure pessoas que têm passatempos interessantes fora de seu trabalho. Veja se há alguém que iniciou um negócio em algum ponto de sua carreira. Não se preocupe se esse negócio fracassou – a questão é descobrir pessoas que tenham experiência lidando com incertezas.

Se você está em uma corporação, onde deve buscar esse talento? É tentador simplesmente terceirizar o problema e convidar um grupo de participantes externos com substancial experiência em empreendedorismo. Essa abordagem possui alguns riscos. Nenhuma empresa pode inovar

INOVAÇÃO DO PLANEJAMENTO À AÇÃO

mais rapidamente do que o mercado em que atua. Uma empresa consegue inovar melhor que o mercado do qual participa se explorar algumas de suas competências únicas. Os participantes externos podem ter dificuldades para desenvolver e alavancar conexões com o negócio principal. Às vezes, os empreendedores podem ser excessivamente empreendedores, gerando frustração mútua e até o caos. Uma equipe totalmente externa pode levar à uma situação lamentável de conflito, que inibe o progresso. Mas como os participantes externos podem trazer vitalidade e perspectivas renovadas, uma equipe ideal equilibra cuidadosamente participantes internos, escolhidos a dedo, e um número seleto de participantes externos.

Encontrar o talento correto dentro de uma organização parece algo desafiador. Comece procurando pessoas que tinham funções – tais como lançar um novo produto ou penetrar em uma nova região – que apresentem alto grau de incerteza.[19] Em seguida, procuram nas atividades correlatas ao negócio. Pode haver funcionários que estão extenuados, pois suas inclinações naturais em projetos de descoberta estão sendo abafadas em funções mais orientadas à execução.

Reconheça também que os comportamentos detalhados anteriormente melhoram com uma prática consciente. Empresas que desejam criar competências em torno do aprendizado devem ter uma equipe em período integral, com chance de trabalhar em uma série de diferentes projetos. Hoje em dia é raro termos trabalhos corporativos que ultrapassem muito além de dois anos, mas dar espaço para a repetição aumentará o desempenho e disseminará as habilidades por toda a organização.

---

[19] Há, ainda, diagnósticos que determinam as tendências inovadoras de um indivíduo. Por exemplo, Gregersen e Dyer oferecem autoavaliações em seu site theinnovatorsdna.com (*Nota*: Embora a Innosight tenha uma associação com esses dois autores, não temos nenhum vínculo comercial com essa ferramenta). Uma *startup* intrigante chamada Knack está tentando transformar o processo de identificar e fomentar talentos em jogos. Ela desenvolve jogos imersivos online. Quando as pessoas utilizam os jogos, exibem cerca de uma dezena de tendências-chave. Ao comparar um indivíduo com uma população mais ampla de inovadores bem-sucedidos, a Knack consegue identificar diversos grupos de talentos em uma organização. (*Nota*: O autor investiu na Knack.)

Desafio 4: Perder o Controle

Você parece estar indo seguramente na estrada para o sucesso. Está, ainda, com o tanque cheio de combustível e confiante de que sua equipe de liderança está apta para a tarefa. É natural pensar que o melhor meio de acelerar nos primeiros passos da inovação é, bem, pressionar o pé no acelerador virtual e consolidar seu negócio o mais rapidamente possível. No entanto, uma pesquisa da *startup* Genome sugere que a primeira razão por que as empresas fracassam é o aumento prematuro da escala. Ou seja, uma empresa acelera o crescimento antes de ela efetivamente formatar um modelo de negócio viável, e todo o processo acaba desmoronando. Nos primeiros passos da inovação, ir muito rápido pode levar um negócio a perder o controle e bater.

Os dois problemas específicos que vimos são a escala de um negócio que ainda não criou uma conexão profunda com os clientes e *a escala de um conceito antes de ele ser um negócio.*

Antes do "Uau!" vem o "Como?"

É fácil pensar que visitas iniciais ao site ou receitas signifiquem que você está pronto para a escala. Mas nossa experiência sugere que sem algo mais profundo – chamamos isso *amor* – o sucesso inicial está destinado a desaparecer. Como exemplo, considere os desafios encontrados quando construímos a Guaranteach. Certamente fizemos progresso com a ideia, reduzindo substancialmente o custo por vídeo submetido e gerando conteúdo suficiente para cobrir todo o currículo de matemática K-12[20]. Praticamente todos os números de nosso abrangente painel de controle (um subconjunto desses números é exibido no Quadro 7-2) estavam se movendo na direção correta. Estávamos confiantes na trajetória do

---

[20] K-12 é uma designação para a educação primária e a educação secundária como um todo. É usada nos Estados Unidos, em algumas partes da Austrália e no Canadá. (N.R.)

INOVAÇÃO DO PLANEJAMENTO À AÇÃO

sucesso, levantamos dinheiro de empresas de primeira linha do mercado educacional, como o NewSchools Venture Fund e a Bill & Melinda Gates Foundation. Utilizamos os fundos para desenvolver um sistema mais robusto, de modo que pudéssemos produzir para dezenas e depois centenas de faculdades.

Havia um pequeno problema. Os alunos não gostaram de nosso sistema, de modo que jamais realmente conseguimos atratividade do mercado. Em um memorável e-mail de 2009, um membro da diretoria observou: "Penso que a teoria do projeto é um pouco falha... usuários regulares obstinados validariam o conceito e nós ainda não vimos isso." O diretor estava certo. Vendemos a Guaranteach em 2011 a um preço-padrão muito distante de cobrir o capital investido no negócio. Concomitantemente, a Khan Academy – com um indivíduo provendo vídeos básicos – decolou (demonstrando que esse não era um *espaço branco do ouro de tolo*!).

Os inovadores devem assegurar que estão focando no "Uau!" antes de ficarem muito obcecados com o "Como?" Nosso painel de controle rastreando mais de vinte variáveis operacionais diferentes não nos deixou ver o fato de que a falta de uma ressonância com os usuários dificultaria a escala do negócio (Eric Ries cunhou um termo memorável para a métrica definitivamente inútil que estávamos monitorando: a *métrica da vaidade*). Os inovadores devem assegurar que suas medições os ajudem a entender a ressonância de suas ideias. Os clientes estão comentando sobre o produto com seus amigos? O que estão dizendo? Eles estão gostando muito do produto (detestá-lo veementemente é aceitável, pois indica que você está mirando o nicho básico correto)?[21]

---

[21] O Net Promoter Score é um método simples de medir o eco de uma ideia com um grupo de consumidores. Conforme descrito no artigo "The One Measure You Need to Grow, de Bain's Fred Reichheld, na *Harvard Business Review*, a técnica envolve perguntar aos consumidores se eles recomendariam um produto ou serviço a um amigo. Subtraia a porcentagem de pessoas que marcam menos de 6 numa escala de 10 pontos da porcentagem de pessoas que marcam de 9 a 10 e você terá a resposta.

Superando os Quatro Desafios dos Primeiros Passos

TABELA 7-2

Painel de controle da Guaranteach – agosto de 2009

Áreas	06/07/2009	20/07/2009	03/08/2009	17/08/2009
Conteúdos aceitos	107	125	138	150
Novos conteúdos da última semana	105	127	105	89
Colaboradores ativos	111	137	105	95
Dias ativos da engenharia	104	111	116	121
Versão liberada	*2.1*	*2.1.27*	*2.1.29*	*2.1.31*
Gastos do último mês	131	131	111	111
Total investido	116	116	130	130
Saldo bancário	29	29	325	325
Tráfego semanal na web	86	118	108	117
Visitas com buscas não pagas	83	104	202	231
Número de palavras-chave de buscas não pagas	97	95	213	253
Tentativas gratuitas ativas	103	107	94	97
Tentativas gratuitas na última semana	97	101	68	87
Total de contas pagantes	101	108	111	135
Meses acumulados de assinantes	103	113	119	131
Receita semanal de assinaturas	67	67	100	122
Receita anual até a data	103	113	120	163
Pilotos realizados na semana	*0*	*1*	*2*	*0*
Número de usuários dando retorno	*0*	*39*	*12*	*4*

Nota: Números indexados para 29/06/2009 = 100, exceto para os números aproximados em itálico.

Não Esqueça as Finanças

Você está trabalhando em um conceito ou negócio? Eles podem parecer a mesma coisa, mas há uma grande diferença.

INOVAÇÃO DO PLANEJAMENTO À AÇÃO

Um conceito pode ser divertido, estimulante, intrigante e atrativo. Um negócio, felizmente, reúne um ou mais desses atributos, mas ele também *gera dinheiro*. Para a maioria dos casos, enquanto o conceito pode funcionar como trampolim, o negócio é o destino desejado de um inovador. Considere a Village Laundry Service (VLS). A ideia recebeu mais atenção da mídia do que qualquer outro negócio lançado pela Innosight. Ela tem sido coberta em revistas, jornais, programas televisivos etc., e até foi apresentada no livro *The Lean Startup*, de Eric Ries. Parte dessa atenção da mídia nasce de uma história muito persuasiva. O negócio foi concebido pelo então sócio da Innosight Ventures Hari Nair.[22] A ideia era desenvolver um modelo atrativo de lavanderia para a emergente classe média indiana. O público-alvo encarou a oferta como nada atrativa. Eles podiam usar suas *dhobis* locais, que limpavam as roupas por cerca de 20 rupias o quilo (cerca de 35 centavos de dólar às taxas de câmbio de 2013). Esse valor era extremamente baixo, mas o processo de limpeza envolvendo a lavagem manual em água nem tão limpa, com uso de detergentes de qualidade duvidosa e a remoção de manchas pelas batidas nas pedras, tinha algumas claras desvantagens. Também levava de 7 a 10 dias para a devolução das roupas. Como alternativa, os clientes podiam usar um serviço de limpeza de alta tecnologia que era muito mais caro ou comprar uma máquina de lavar.

O modelo de Nair envolvia um pequeno quiosque (veja a foto a seguir) e dois funcionários. Os quiosques, que eram intitulados "*laundry rigs*" abrigavam máquinas de lavar roupa modernas, secadoras e ferros de passar. Os clientes deixariam suas roupas sujas e as coletariam após 24 horas. Pagava-se o preço da conveniência, mas essa opção ainda era mais acessível que outras opções de ponta e não exigia a compra de uma máquina de lavar. Em vez de verem a Village Laundry como

---

[22] Na época da escrita deste livro, Nair era diretor de gestão da Break-through Innovation na Kimberly-Clark, embora permanecesse ativo na diretoria da VLS.

Superando os Quatro Desafios dos Primeiros Passos

uma ameaça, talvez as *dholbis* pudessem se tornar franqueadas, gerando bons fluxos de renda. O conceito de franquia não era novidade na Índia, e o crescimento amplamente divulgado da rede Café Cofee Day & Domino's Pizza tinha criado interesse no modelo.

A VLS tinha um plano de negócio robusto, baseado em análises comparáveis e examinado por *experts* do setor. Um teste rápido realizado no final de 2008 parecia validar que o negócio fundamentado numa

INOVAÇÃO DO PLANEJAMENTO À AÇÃO

estrutura montável era bem aceita pelos clientes e mostrava que as operações eram viáveis. Nos anos seguintes, a VLS formou uma equipe de gestão e instalou 20 plataformas nas cercanias de Bangalore e Mysore. Isso possibilitou que víssemos como o sistema funcionava num regime de escala, dando-nos ideias mais consistentes sobre a geração de demanda, a entrega de um serviço de alta qualidade motivando a repetição da experiência, gerenciamento de custos, controle de questões operacionais-chave e diferenciação dos custos associados a uma única locação dos custos fixos que poderiam ser disseminados por uma rede de quiosques.

De 2008 a 2010, houve crescimento das receitas do negócio a uma taxa composta de 14% ao mês. No entanto, as unidades individuais podiam não cobrir consistentemente as operações básicas. Isso indicava uma falha fatal no modelo de negócio baseado em plataformas. Há muitas razões para inovar, mas no final do processo se a ideia de negócio não é suportada por um modelo economicamente viável, ela se desmorona. No caso da VLS, isso significava:

- A transação com um único cliente teria de gerar mais receita do que as despesas envolvidas na entrega do serviço.
- Uma única plataforma teria de atrair receita para cobrir mão de obra, taxas de aluguel e outras despesas fixas.
- Uma série de plataformas teria de gerar lucro operacional suficiente de modo a suportar as despesas gerais mais amplas.

A VLS atravessou o primeiro obstáculo, mas jamais conseguiu superar o segundo ou o terceiro. Em 2011, uma nova equipe de gestão, suportada por uma nova rodada de financiamentos externos, retornou à famosa prancheta de desenho. O negócio passou de uma loja central a um modelo de entrega caseira. A equipe aumentou ainda mais os preços e ofereceu novos benefícios, tais como a remoção avançada de manchas. Em 2012, o modelo revisado demonstrou que poderia

Superando os Quatro Desafios dos Primeiros Passos

superar o segundo obstáculo, mas, na época da escrita deste livro, a VLS ainda não tinha descoberto a terceira área, levantando questões sobre sua viabilidade no longo prazo (no entanto para o seu crédito, a equipe persevera!).

Os inovadores precisam começar com o profundo entendimento de como o negócio efetivamente gerará dinheiro. O que é uma transação? Qual o custo para a unidade entregar? Qual o custo para produzir? Se esses dados econômicos da unidade não funcionam, a probabilidade de que ela algum dia crie um modelo de negócio viável é muito baixa. Os inovadores, com muita frequência, desconsideram essas preocupações dizendo que as resolverão assim que "produzirem em escala". No entanto, se você não consegue calcular uma única transação, considere se realmente desenvolveu um negócio ou simplesmente um conceito. Os negócios são escalonáveis; os conceitos não.

A abordagem e a preparação apropriadas podem transformar os primeiros passos em uma etapa menos arriscada. O próximo capítulo descreve sistemas que as empresas podem construir para facilitar a experimentação estratégica.

Mensagens Importantes deste Capítulo:

1. É fácil se iludir com o espaço branco do ouro de tolo e tomar um caminho errado nos primeiros passos da inovação.
2. O dinheiro é o combustível da inovação; a falácia do planejamento indica que os inovadores frequentemente ficam sem combustível, pois os esforços duram mais tempo e custam mais do que o esperado.
3. O condutor errado – a quem falte empatia pelo mercado-alvo ou habilidades pertinentes para um determinado modelo de negócio – pode estagnar os esforços de inovação.

INOVAÇÃO DO PLANEJAMENTO À AÇÃO

4. A velocidade excessiva pode levar à perda de controle. Assegure-se de que você criou uma conexão profunda com os clientes e que está trabalhando em um negócio, não em um conceito.

Capítulo 8

Sistemas de Suporte à Experimentação Estratégica

Embora seja difícil obter dados detalhados sobre a taxa de sucesso dos esforços de inovação corporativos, muitos executivos concordam que a maioria esmagadora de seus investimentos em crescimento revela-se desapontadora.

O maior desafio das empresas é o fato de os sistemas centrais serem otimizados para suportar o modelo atual de negócio e não para desenvolver o modelo futuro.

Esses sistemas atuam como anticorpos corporativos que eliminam os experimentos estratégicos – não por maldade, mas simplesmente pela tentativa de manter a a empresa vibrante, sem se distrair.[23] Quatro sistemas específicos conseguem inocular o inovador corporativo contra esses anticorpos:[24]

    1. Sistemas de tomada de decisão que atravessam a "neblina da inovação".

---

[23] Para uma visão divertida, e um tanto subversiva sobre esse tópico, leia *The Innvator's Extinction*, de David Ulmer. Algumas das recomendações deste livro devem ser seguidas com cautela, mas Ulmer carrega as cicatrizes de tentar motivar a inovação por diversas organizações de grande porte, e muitas de suas observações provam ser verdadeiras.

[24] Meus conhecimentos científicos atingiram um pico no curso de biologia da sétima série, de modo que estou seguro que errei feio na metáfora.

INOVAÇÃO DO PLANEJAMENTO À AÇÃO

2. Sistemas de premiação que estimulam assumir com inteligência os riscos e não penalizam excessivamente as falhas.
3. Mecanismos de descontinuidade de projetos que eliminam a praga dos "projetos zumbis".
4. Sistemas que promovem associações com *experts* externos, clientes e funcionários.

Este capítulo descreve cada um desses sistemas em profundidade. Se você está trabalhando em um projeto dentro de uma organização em que não há esses sistemas, certifique-se de ter um patrocinador sênior que possa ajudá-lo a superar os problemas que está destinado a enfrentar enquanto apresenta argumentos para a criação de sistemas que diminuirão os atritos impeditivos da experimentação estratégica.

1. Sistemas de Tomada de Decisão que Atravessam a "Neblina da Inovação"

Todas as empresas têm mecanismos para tomar decisões sobre projetos. Algumas apresentam sistemas muito formais e bem documentados; outras têm sistemas mais informais. Apesar de tudo, cada empresa tem algum método para determinar qual projeto receberá financiamento e qual não, onde as pessoas gastam tempo, qual executivo pode acessar sistemas corporativos-chaves e qual não, etc.

Em muitas empresas, os mecanismos-padrão de projetos são *minimizadores de erros* – ou seja, há controles cuidadosos para assegurar que não desperdicem dinheiro. Isso significa que as organizações fazem várias revisões antes de alocar recursos em um projeto. As decisões são essencialmente analíticas, com consideração rigorosa de todas as alternativas. Assim que a liderança decide alocar recursos, futuras revisões focam no progresso em relação aos compromissos. A equipe está atrasada

164

Sistemas de Suporte à Experimentação Estratégica

ou de acordo com a programação? Os gastos estão satisfazendo as projeções orçamentárias? Os resultados estão consistentes com as projeções? As pessoas que cumprem seus compromissos são premiadas? E aquelas que não cumprem são penalizadas?

Os primeiros passos desafiam esses sistemas. Raramente os dados necessários para tomar uma decisão crítica sobre uma ideia inovadora são claros. A história está repleta de pessoas inteligentes fazendo afirmações totalmente erradas sobre mercados nascentes. Considere apenas a indústria da computação. Nos anos 1940, Thomas Watson, da IBM, previu que havia um mercado global para cinco computadores; na década de 1970, Ken Olson, da Digital Equipment, afirmou que não havia razão alguma para as pessoas quererem um computador doméstico; no início da década de 1980, Bill Gates, da Microsoft, disse que 640 Kb seriam memória suficiente para qualquer pessoa.[25] Não foram realmente falhas deles. Os dados tornam-se transparentes quando é tarde demais para agir com base neles.

Assim, as decisões nos primeiros passos geralmente são tomadas dentro do que chamo de "neblina da inovação". É fácil se perder na neblina e jamais tomar decisão alguma, pois um risco que não dá bons resultados tende a ter repercussões mais negativas na carreira de uma pessoa do que riscos não assumidos.[26] No entanto, essa abordagem ge-

---

[25] Entre as três projeções reputadas, Gates nega ter dito o que lhe foi atribuído, e Olson relata que estava se referindo à ideia de um computador central que controlaria a casa, e não a um simples computador pessoal. Veja http://www.snopes.com/quotes/kenolsen.asp para mais detalhes.

[26] Essa é uma das categorias de problemas que denomino de "praga da abundância". Você jamais pensaria que a abundância pudesse ser uma fonte de vantagem competitiva para empresas de grande porte. Afinal, maior volume de fundos, maior número de talentos e paciência facilitariam as inovações. No entanto, excesso de tempo ou de dinheiro possibilita às organizações continuar a seguir estratégias fatalmente falhas por muito tempo ou criam soluções excessivamente complicadas que, na realidade, excedem as necessidades dos clientes. Por exemplo, empresas ricas em recursos têm o "luxo" de pesquisar, pesquisar, pesquisar... Esse pode ser um enorme benefício em mercados conhecidos, em que é importante ter precisão. Mas pode ser uma grande desvantagem em mercados desconhecidos em que a precisão é impossível.

INOVAÇÃO DO PLANEJAMENTO À AÇÃO

ralmente leva as pessoas a *jamais* tomar uma decisão, criando espaço para novos riscos disruptivos e competidores ferozes. Ainda pior, as empresas geralmente enfrentam um descompasso entre o ritmo das tomadas de decisão e o ritmo das descobertas. Lembro-me de uma empresa de grande porte que orgulhosamente me relatou como fazia para que todos os seus executivos mais importantes participassem de um comitê de inovações poderoso, que se reunia de três em três meses. "E se um dia após a reunião, a equipe constata que sua estratégia precisa de uma revisão integral?", perguntei. Silêncio.

É tentador dizer que não deveria haver *quaisquer* mecanismos de controle para iniciativas incertas. Assim que decide inovar, o argumento prossegue, você deve montar uma equipe, conferir ela e deixá-la livre. Deixar o caos reinar, no entanto, carrega riscos substanciais. Lembre-se de que a maioria das ideias emerge de um processo de tentativa e erro. Sem mecanismos de controle, as equipes podem facilmente seguir a estratégia errada por muito tempo. Além disso, sistemas fracos de controle negam a uma organização a oportunidade de redirecionar recursos às ideias mais promissoras ou de encontrar meios criativos de combinar ideias.

Deve haver uma disciplina abordando a gestão de ideias nos primeiros passos. Mas ela precisa ser diferente dos sistemas de minimização de riscos que governam o negócio principal.

Considere a disciplina que os investidores de risco impõem a seus investimentos. Eles estão ativamente envolvidos nas empresas em que investem. Normalmente, um investidor de risco tem cadeira na mesa da diretoria da empresa e interage regularmente com os gestores. Se é preciso tomar uma decisão, a diretoria pode se reunir em 24 horas. Os investidores de risco administram cuidadosamente o processo de finan-

---

Os empreendedores não devem se dar ao luxo de um número incomensurável de pesquisas, e às vezes isso trabalha a favor deles. Veja o Capítulo 3 de meu livro *The Little Black Book of Innovation* para obter mais informações.

Sistemas de Suporte à Experimentação Estratégica

ciamento para focar os empreendedores nos problemas mais críticos desde cedo, captando fundos para atingir marcos-chave. Trata-se de uma abordagem diferente para financiamentos do que o ciclo orçamentário anual típico existente na maior parte das corporações. O envolvimento ativo dos grupos de interesse, uma mentalidade de escassez e a tomada rápida de decisões garantem que as *startups* financiadas por capital de risco raramente fiquem perdidas na neblina da inovação.

Os militares também enfrentam a necessidade de tomar decisões quando a informação não é clara. Uma doutrina ensinada aos marinheiros é a chamada regra dos 70%. O objetivo é obter dados suficientes de modo que você tenha 70% de confiança em sua decisão para, então, confiar em seus instintos. Se você tem menos dados, estará tomando uma decisão praticamente aleatória. Se você espera até os dados serem perfeitos, a oportunidade de tomar uma decisão que tenha impacto provavelmente já passou.

A incerteza que caracteriza os passos iniciais exige uma abordagem que estimule experimentos. Uma abordagem como essa apresenta seis características:

- Tendência à execução de ações em detrimento de estudos intermináveis, o que geralmente significa considerar os investimentos mais como opções estratégicas (que promovem o direito, e não a obrigação, de investir mais no futuro) do que "todo ou nenhum" compromisso.
- Há frequentes revisões que focam menos no progresso dos compromissos e mais no aprendizado – antecipado ou não antecipado.
- Tanto dados qualitativos como quantitativos informam a tomada de decisões.
- A discussão e a tomada de decisões não envolvem as atividades comuns do negócio; elas são tratadas separadamente (talvez

INOVAÇÃO DO PLANEJAMENTO À AÇÃO

até em uma localidade geograficamente distante). Quando o ex-CEO da Procter & Gamble Bruce Brown liderou o departamento de P&D da divisão de Tratamento para Cabelo, por exemplo, ele parava as reuniões quando era a hora de revisar projetos revolucionários a fim de atrair mais pessoas na sala e possibilitar aos participantes originais apertar um botão de "reinicialização" mental antes de retomarem a discussão dos novos negócios.

- As reuniões de revisão são com pequenos grupos, incluindo um ou um punhado de *participantes externos* desconectados. De preferência, os membros do grupo devem ter experiência em tomar decisões sob incerteza, experiência específica pertinente à ideia proposta ou ambas.
- Os tomadores de decisão não se limitam à revisão passiva de detalhes; eles participam ativamente de experimentos. Lembre--se de que as descobertas mais úteis de experimentos são de, modo geral, imprevistas. Além disso, muitos experimentos envolvem empresas explorando novos nichos de mercado, em que os líderes não consolidam sua intuição com base em décadas de experiência de mercado. Tomadores de decisão avaliando um mercado sobre o qual não sabem nada surpreendentemente não exigem provas significativas antes de tomarem uma decisão.

A pesquisa acadêmica suporta a intuição de que os mecanismos de governança que encorajam experimentos apoiam a criação de ideias inovadoras. No final de 2010, três acadêmicos publicaram um artigo contrastando o impacto de incentivos em duas instituições que concedem bolsas a cientistas promissores. Um programa, liderado pela National Institutes of Health (NIH), apresenta ciclos curtos de revisões, resultados predefinidos e pesadas penalizações pela não obtenção de marcos. Em contrapartida, as bolsas do Howard Hughes Medical

Sistemas de Suporte à Experimentação Estratégica

Institute (HHMI) privilegiam o foco no longo prazo com uma tolerância estabelecida para falhas iniciais. Talvez não surpreendentemente, os beneficiários de bolsas HHMI geram ideias inovadoras a uma taxa estatisticamente mais alta do que os beneficiários das bolsas NIH. Eles, ainda, geram mais resultados totais – mas têm mais iniciativas que aparentemente fracassadas. Um enfoque minimiza os fracassos; o outro maximiza os avanços inovadores.

O sistema HHMI é melhor que o NIH? Esta é uma pergunta complicada – a resposta depende da intenção estratégica. Os sistemas estimuladores de experimentos não são melhores que os minimizadores de erros. De fato, uma empresa deve ter os dois sistemas operando em paralelo. Os sistemas de minimização de riscos ajudam a maximizar a eficiência dos recursos no negócio central; os de estimulação de experimentos ajudam a maximizar o aprendizado de novos negócios.

2. Sistemas de Premiação que Estimulam Assumir Riscos e Não Penalizar Excessivamente as Falhas

Os primeiros passos caracterizam uma etapa difícil. Geralmente, os testes não funcionam do modo previsto pelas pessoas. Às vezes, as equipes aprendem rapidamente que o concorrente mais perigoso com que se preocupavam é uma realidade. Inovar pode ser uma atividade arriscada, e certamente ocorrerão falhas.

A maioria dos líderes intuitivamente capta a ideia de que a inovação terá suas reviravoltas e mudanças, e que o fracasso no curto prazo pode provocar o sucesso no longo prazo. Contudo, na maior parte das organizações há uma desconexão significativa entre esse entendimento e os sistemas de gestão de desempenhos. A doutrina segundo a qual "o que é medido é gerenciado", que orienta a maior parte das organizações,

INOVAÇÃO DO PLANEJAMENTO À AÇÃO

é uma barreira real ao desenvolvimento de uma cultura em que as experimentações ocorrem naturalmente.

Sistemas de incentivos que limitam experimentações tendem a ser orientados a resultados, focados em métricas "absolutas". As empresas empregam um enorme período de tempo especificando cuidadosamente alvos ou indicadores-chave de desempenho para os gestores. Em seguida, elas medem meticulosamente para determinar se um gestor atingiu ou não suas metas. Os profissionais que "atingem seus números" e desempenham de acordo com os compromissos são premiados; deixe de fazer isso uma vez e você será repreendido; falhe repetidamente, e será demitido. Ainda que a abordagem possa levar a comportamentos estranhos, como "blindar-se" contra as metas, geralmente ela funciona bem quando a capacidade de um gestor de fato determina os resultados. No entanto, nos passos iniciais, os profissionais podem ter uma ideia que não se desenvolve por causa de uma premissa comprovadamente falsa. Esses profissionais deviam ser premiados ou penalizados?

Michael Mauboussin estudou intensamente sobre esse problema. Seu livro de 2012, *The Success Equation*, aborda uma distinção útil entre resultados determinados quase essencialmente por habilidades e os que envolvem sorte. A roleta, por exemplo, é baseada totalmente na sorte. É impossível afirmar que alguém é um "bom" apostador na roleta, pois isso é aleatório. Em contrapartida, o xadrez é um jogo que envolve praticamente habilidade. Geralmente, você reconhece que jogadores de xadrez são talentosos por causa de seus resultados. Observá-los jogando pode ajudar você a entender a natureza de suas habilidades, mas isso não é necessário para avaliar suas competências. O vinte-e-um fica em algum ponto entre esses dois exemplos. Considere a seguinte circunstância: você entra em um cassino e vê uma pessoa com uma grande pilha de fichas sobre a mesa. Você o observa jogando uma mão. O apostador audaciosamente acerta o dezoito enquanto quem dá as cartas exibe um seis. O apostador tira um três, pousando-o no mágico vinte e um. Sem a

Sistemas de Suporte à Experimentação Estratégica

"batida", quem dá as cartas teria vencido com o dezenove. Você pergunta ao jogador como ele tomou essa decisão. Talvez ele tenha uma visão de raio-X ou é um contador de cartas realmente de primeira linha. Ele sorri e diz: "Apenas confiei em meu instinto, e isso jamais dá errado". Trata-se de um jogador de vinte-e-um com talento sobrenatural e que garante futuros investimentos? Afinal, ele fez o que geralmente é recompensado pelas corporações – confiou em seu instinto, assumiu um grande risco e isso gerou um ótimo resultado. No entanto, embora o jogador conseguisse um ótimo resultado, foi à custa de comportamentos inadequados. Se ele de modo geral seguisse esse padrão ao longo do tempo, perderia dinheiro, a menos que dispusesse de um contador de cartas fraudulento que lhe avisasse previamente qual seria a próxima carta.[27]

Se você segue regras simples de decisão, pode ter desempenhos razoavelmente bons no vinte-e-um. Se melhora essas regras de decisão com a ginástica mental referente à contagem de cartas, é capaz de "quebrar a banca". No entanto, a sorte pode se virar contra você em qualquer mão.

Os primeiros passos são como jogar vinte-e-um, acertar uma bola no beisebol ou investir em ações. Não é possível avaliar o desempenho de uma pessoa com base em um único evento.[28] Ao contrário, você deve monitorar cuidadosamente os comportamentos adotados e como eles tomam decisões. Isso exige repensar radicalmente os sistemas de premiação – afinal, a gestão por objetivos defende explicitamente estimular os gestores a ignorar comportamentos e focar somente em resultados. Isso,

---

[27] Ou fosse um viajante no tempo. Um tópico para outro livro.

[28] Ao longo do tempo, é certo, um histórico acumulado demonstra competências. Podemos ficar muito seguros que Warren Buffett sabe o que está fazendo ou que Miguel Cabrera é um jogador de beisebol talentoso. Nate Silver efetivamente revela em seu excelente livro *The Signal and the Noise* que há uma chance – embora pequena – de um jogador de pôquer talentoso participar de 10 mil mãos e ainda perder dinheiro. Como a maioria dos inovadores gera somente um número de dados, é ainda mais importante visualizar além do histórico quando se avalia talentos.

INOVAÇÃO DO PLANEJAMENTO À AÇÃO

ainda, exige um comportamento muito diferente a favor dos líderes, que precisam garantir que passam tempo suficiente com seus funcionários para começar a entender como eles analisam esses tipos de problemas.

Finalmente, na linguagem do estudioso em inovação Gerard Tellis, da Marshall School of Business, da University of Southern California, os sistemas de premiação devem ser "assimétricos". Ou seja, deverá haver "fortes incentivos para inovações bem-sucedidas, mas fracas penalizações para falhas". Isso é exatamente o oposto do que ocorre na maior parte das organizações – em que há pesadas penalizações para falhas e fracas premiações para o sucesso!

Implementar sistemas assimétricos que focam tanto (se não mais) em comportamentos adotados quanto em resultados obtidos não é fácil, e exige uma mentalidade avançada e um ativo departamento de RH. Consultores profissionais de grande porte, como o Boston Consulting Group, demonstram que esses sistemas podem ser criados de acordo com a escala e que o investimento vale a pena, pois são um componente crítico da cultura de experimentação. Afinal, embora as pessoas prestem atenção quando líderes seniores imploram para que inovem, elas aprenderão o que é importante quando observarem aqueles que assumem riscos e não são punidos.

3. Mecanismos de Descontinuidade de Projetos que Eliminam a Praga dos "Projetos Zumbis".

Líderes seniores constantemente relatam que seus esforços de inovação se processam muito lentamente ou que lhes faltam os recursos para investir em iniciativas inovadoras de crescimento. Um problema básico é a ausência de um processo efetivo para se desengajar de projetos fracassados que denomino "projetos zumbis" – mortos-vivos, que lentamente vão se arrastando com perspectivas limitadas. As empresas que detêm

Sistemas de Suporte à Experimentação Estratégica

a praga dos projetos zumbis repentinamente descobrem que possuem mais recursos do que pensavam e que os projetos remanescentes aceleram de uma vez.

Apresento a seguir um meio de demonstrar o impacto dos projetos zumbis. Na década de 1990, os então professores da Harvard Business School Steve Wheelwright e Kim Clark conduziram uma pesquisa para examinar o impacto na produtividade de alocar pessoas em múltiplos projetos. Eles pediram a engenheiros para estimar que porcentagem de seu tempo era dirigida a atividades agregadoras de valor e que porcentagem era voltada a atividades que não agregavam valor (planejamento de reuniões, preparação para o planejamento de reuniões, preparação para as reuniões de preparo para o planejamento de reuniões). Em *Revolutionizing New Product Development*, foi constatado que o tempo gasto em atividades agregadoras de valor atingia o pico de 80% quando as pessoas trabalhavam em dois projetos. A porcentagem despencava à medida que os engenheiros acrescentavam mais projetos em seus portfólios. Um engenheiro envolvido em cinco projetos gastaria 70% de seu tempo em atividades *não produtivas*.

Pense sobre como você aloca o pessoal a suas novas iniciativas de crescimento. Se a sua empresa é igual a muitas outras, pedirá às pessoas para gastar uma fração de seu tempo em um projeto específico. Segundo a teoria, dividir o trabalho ajudará a pessoa a progredir mais rapidamente e a obter melhores resultados; na realidade, há muito mais coisas que precisam de ser feitas além de tratar de pessoas, de modo que você necessitará fazer isso para obter progresso. Mas quantas *startups* de sucesso têm líderes trabalhando meio período? Como diz o ditado: "Você não pode pedir a nove mulheres para que tenham um bebê em um mês".

O que está por trás de tudo isso são mecanismos assustadoramente precários para encerrar projetos, mesmo projetos que em seus lapsos de honestidade os líderes admitiriam que têm pouca chance de obter algum crescimento. A maioria das empresas trata o fim de projetos como a

INOVAÇÃO DO PLANEJAMENTO À AÇÃO

clássica cena final do filme *Raiders of the Lost Ark* [Os Caçadores da Arca Perdida]. Indiana Jones foi até o inferno e voltou para deter a Arca da Aliança, que supostamente contém os despojos dos Dez Mandamentos. Os rostos dos nazistas se derreteram, e o mundo apreciou isso. Indiana oferece a Arca ao governo americano. Será que o governo pretende estudá-la? Não. A última cena mostra a Arca sendo transferida a um depósito enorme repleto com milhares de caixas. Claramente, a Arca será enterrada com todas as demais caixas, e jamais será aberta novamente.

Como foi observado pela guru Rita Gunther McGrath, há duas boas coisas que podem resultar de qualquer projeto de inovação: um ótimo novo produto ou negócio, ou aprendizado significativo que pode ser aplicado na própria organização. O segundo resultado com muita frequência é tratado como a Arca – um projeto que não gere resultados de acordo com as expectativas iniciais rapidamente é arquivado numa caixa, colocado num depósito e jamais se falará dele novamente. Os gestores se apressam para se afastar do "fracasso" da forma mais rápida possível. Isso ativa todos os tipos de comportamentos ruins. Os gestores de grande potencial começam a evitar projetos aparentemente arriscados, pois acreditam que podem "enfeitar" mais efetivamente seus currículos com projetos seguros. A empresa começa a priorizar ideias de baixo risco e retorno pequeno, que não geram crescimento significativo. Os projetos zumbis se multiplicam porque ninguém deseja um apontamento "F", de fracasso, marcado em seu currículo. Pior, as equipes de inovação trabalhando em ideias predestinadas podem escalar os comprometimentos de recursos na esperança de que, de alguma forma, eles possam encontrar a saída de um buraco profundo. Quando você está em um buraco profundo talvez seja hora de parar de cavar.

Lembre-se da realidade: nenhuma ideia é totalmente correta ou errada. Passos equivocados e correções de rumo são uma das partes centrais do processo de inovação. Um estudo seminal de meados da década de 1980 constatou que muitos dos êxitos das principais inovações se basearam em lições aprendidas com fracassos históricos. De fato, os autores descobriram que a maioria dos "fracassos" de novos produtos que estudaram era de marcos críticos que frequentemente prenunciavam futuros sucessos. Normalmente, surgiam insights valiosos que apareciam na forma de feedback direto sobre a viabilidade da tecnologia, aceitação das características e preços pelos consumidores, e também sobre como visar novos segmentos de consumo e mercados geográficos.

As melhores empresas buscam entender a razão porque não conseguem resultados de acordo com suas expectativas iniciais. Talvez haja oportunidade de alterar a direção e, ainda assim, ser bem-sucedida. Ou talvez as expectativas iniciais – que de modo geral são baseadas em não mais que suposições – estavam erradas, indicando uma necessidade de aperfeiçoar o processo pelo qual as expectativas iniciais são calibradas. A empresa pode aprender que a ideia que parecia tão boa no papel não era tão boa na realidade. Desde que esse aprendizado tenha vindo sem investimentos maciços, a decisão de parar um projeto e redirecionar recursos para áreas mais promissoras, deve ser celebrada.

Os líderes desempenham um papel crítico ao estimular esse comportamento de como gerenciar a descontinuidade de um projeto como tratar os gestores que trabalham em fiascos comerciais, e como humanizar o tópico descrevendo suas próprias falhas. Por exemplo, o presidente e CEO da Procter & Gamble A. G. Lafley discorre abertamente sobre seus erros. "Você aprende muito mais com seus fracassos do que com seus sucessos", disse ele em uma palestra sobre inovação em 2008. "Consigo lembrar todas as vezes que falhei no beisebol no Ensino Médio; consigo lembrar todas as vezes que falhei na P&G, e foram muitas. Agora, o que estamos tentando fazer é falhar muito mais rapidamente, falhar de modo muito mais barato, e chegar até a próxima ideia ou a próxima inovação, que pode se tornar um sucesso comercial. Mas a falha é incrivelmente importante, assim como é aprender com ela." Outro exemplo de um modelo de líder é o renomado empreendedor Jeff Stibel,

INOVAÇÃO DO PLANEJAMENTO À AÇÃO

que criou um "mural de falhas" em sua empresa Dun & Bradstreet Credibility Corp. O mural combinava citações memoráveis sobre erros com exemplos pessoais descrevendo falhas individuais e lições aprendidas. O próprio Stibel detalhou três de suas falhas mais notáveis e assinou seu nome embaixo delas. Você não consegue sinais mais claros de liderança do que esse!

Outro capacitador é mentalidade de portfólio. Lembre-se de que 75% das empresas financiadas por capital de risco não conseguem dar retorno do capital a seus investidores. Se o futuro de uma empresa depende de uma única ideia, certamente não podem ser toleradas falhas. Uma abordagem de portfólio, por outro lado, reconhece a incerteza em qualquer esforço de inovação. Significa que uma empresa deve explorar um punhado de ideias para todo o sucesso desejado. Uma mentalidade de portfólio começa a eliminar o estigma que nasce com o fracasso, pois não se espera que todas as iniciativas atinjam o sucesso. Isso ainda pode levar a resultados não antecipados pois emergem novas oportunidades para tratar conjuntamente diferentes ideias.

Ao encerrar um projeto, siga as orientações descritas por McGrath de como descontinuá-lo efetivamente: afirme claramente as razões para parar o projeto; elabore um plano para mitigar o impacto nas pessoas que serão afetadas pelo término; e use um evento simbólico – um velório, uma peça teatral, um memorial – para anunciar o encerramento para as pessoas. Lembre-se de que você salvou sua organização da praga dos projetos zumbis, e isso merece um brinde!

Muitas pessoas acreditam que a inovação é um ato puramente criativo, mas às vezes é preciso destruir a fim de criar. Encerrar projetos, extrair as lições aprendidas e celebrar esse aprendizado podem ser elementos habilitadores críticos da inovação.

4. Sistemas que Fomentam Conexões com Especialistas Externos, Clientes e Funcionários

Nas últimas seis décadas, uma série de estudiosos se debruçaram sobre a origem do pensamento inovador. Um achado comum é que acontece a mágica em interseções, quando colidem diferentes formações e diferentes mentalidades. As empresas devem, então, criar sistemas que incentivem três categorias de conexões: especialistas externos, clientes e amplos grupos de funcionários. Esses tipos de conexões ajudam as empresas a testar premissas rapidamente e a contar com os maiores conhecedores do mundo, independentemente de onde eles residam.

1. Conexões com Especialistas Externos

Quando as empresas se movem em novas direções, por definição falta domínio da *expertise* necessária a seus colaboradores internos. A opção é esperar anos para desenvolver esse conhecimento ou seguir a trajetória newtoniana de "ver além posicionando-se nos ombros de gigantes". Nada impede um desses colaboradores internos de pegar o telefone ou enviar um e-mail de modo a se conectar individualmente com um especialista, mas programas mais formais também podem ser uteis. Um modo eficiente de se conectar com especialistas externos é criar o que é conhecido como programa *aberto de inovações*. O termo remonta a um livro do professor Henry Chesbrough, da Universidade da Califórnia, de 2003. Empresas como a Procter & Gamble, a General Electric e a LEGO tiveram sucesso ao formalizar conexões com inventores individuais, programas universitários de pesquisas, etc. A excelente rede de contatos de Stefan Lindegaard (www.15inno.com) fornece orientações para a montagem de programas abertos de inovações. As empresas podem considerar duas formas de se conectar com especialistas externos:

INOVAÇÃO DO PLANEJAMENTO À AÇÃO

- Participar de consórcios da indústria ou enviar pessoas regularmente a encontros ecléticos, como a reunião do Fórum Econômico Mundial em Davos, a conferência TED ou o festival SXSW em Dallas. Esses eventos geram oportunidades para gestores receberem estímulos e construírem redes sociais pessoais.
- Formar relacionamentos com capitalistas de risco que de modo geral têm profundos insights sobre tecnologias emergentes e modelos de negócios. É fácil imaginar relacionamentos em que todos ganham, em que uma empresa aprende com os investidores de capital de risco que, em troca, dão insights sobre as especificações de um negócio que se transformaria numa meta de aquisição atrativa.

2. Conexões com Clientes

Steve Blanks alerta as *startups* que elas não encontrarão as respostas na própria organização. Como nenhum plano de negócio sobrevive ao primeiro contato com o mercado, as empresas precisam assegurar que possuem mecanismos que facilitam o aprendizado diretamente com os clientes. Empresas de embalagens de bens de consumo (cujos colaboradores também coincidem ser seus potenciais clientes) têm uma série desses mecanismos. Por exemplo, um armazém comum situado a cerca de 30 minutos ao norte da sede da P&G, em Cincinnati, abriga a Casa do Futuro, em que pesquisadores observam os clientes testando novos produtos. Muitas unidades P&G têm instalações físicas em que as equipes podem dividir ideias com clientes ou até aprender ao examinar o mundo com os olhos deles. Por exemplo, a sede do segmento de cuidados com bebês da empresa contém uma sala com itens superdimensionados para que os inovadores tenham a perspectiva de uma criança. A P&G regularmente testa novas ideias, vendendo-as em cafeterias corporativas externas ou em sua loja. A Hindustan Unilever tem uma "rua" em sua

Sistemas de Suporte à Experimentação Estratégica

sede na Índia em que equipes de novos produtos apresentam as ideias a funcionários. As empresas alimentícias introduzem regularmente novos conceitos nas lojas dos funcionários ou mesmo em lanchonetes corporativas; as unidades Anheuser-Busch InBev possuem bares para que os funcionários possam testar novos conceitos.

As companhias de outros setores podem seguir abordagens similares. Imagine uma empresa de telecomunicações que pré-identifica um grupo de clientes que concordem em ser testadores beta de novas ofertas ou que cria uma intranet em que pode testar serviços mais sofisticados sem provocar um impacto negativo em sua rede central de comunicações. Na mídia, a New York Times Company lançou o beta620.nytimes.com, em que os clientes podem brincar com ideias que não são muito robustas para ilustrar o principal site do *Times*. Expor ideias ainda brutas a feedbacks antecipados possibilita ao Times acelerar o processo iterativo de uma descoberta inovadora. Quando as pessoas têm de trabalhar em sistemas para sensibilizar o mercado, a experimentação torna-se muito mais difícil.

3. Conexões com Funcionários

Em seu livro de 2005, *The Wisdom of Crowds*, James Suroswiecki destaca os surpreendentes achados que grupos dispersos de especialistas, que de modo geral têm desempenhos excelentes, inclusive em tarefas complicadas como prever a taxa de crescimento da economia ou o resultado de uma eleição presidencial. O ano de 2012 marcou a maturação do movimento "sabedoria das multidões" com o êxito de Nate Silver em agrupar um conjunto diverso de pesquisas para "esmagar" as previsões de diferentes *experts* nas eleições americanas.

Por exemplo, em 2011, a Citi, fonte de influência financeira global, lançou o programa Citi Ideas. Impulsionado por um software da *startup* Spigit, do Vale do Silício, o Citi Ideas permite que grupos internos da

INOVAÇÃO DO PLANEJAMENTO À AÇÃO

organização colaborem em "desafios" atrelados a um tempo delimitado ou uma base contínua. A tecnologia oferece permissão aos funcionários para sugerirem novas ideias, com base nas já existentes, e classificarem as ideias de outros. Dinâmicas similares a jogos e incentivos, tais como painéis de líderes, inflamam o envolvimento competitivo e estimulam uma ampla participação. A Citi lançou 26 campanhas em 2011, com a participação de mais de 35 mil pessoas. Em novembro de 2011, a Citi promoveu sua primeira competição global de ideias entre seus 265 mil funcionários. Mais de 23 mil ideias foram geradas, recebendo a colaboração de 45 mil profissionais de 13 unidades de negócios e 97 países. Sua utilização está acelerando, com a inscrição de várias unidades de negócio da Citi para operar mais competições à medida que percebem a velocidade, a colaboração e a criatividade possibilitadas pelo aumento da geração de ideias.

Além da geração de ideias individuais, as conexões internas podem ajudar com experimentos ao expor talentos ocultos (lembre-se da discussão do "T" no Capítulo 5). Companhias de conhecimento intensivo, a exemplo de consultorias, geralmente criam bancos de dados online abertos a pesquisas sobre redes sociais internas, que ajudam os funcionários a encontrar os melhores profissionais da organização em um tópico específico.

Sistemas Amigáveis aos Primeiros Passos na Prática

O Google e a 3M são provavelmente os exemplos mais bem documentados de empresas que têm a experimentação profunda em seu DNA. Ambas possuem sistemas consistentes com os descritos neste capítulo; sobretudo, os sistemas de governança e incentivos que suportam a experimentação e as amplas conexões internas e externas. Outras orga-

Sistemas de Suporte à Experimentação Estratégica

nizações, nem tão divulgadas, demonstram também a eficiência desses sistemas na prática.

O Palo Alto Research Center é conhecido mundialmente por sua abreviatura de quatro letras: PARC. Em seus corredores sagrados nasceram muitas empresas da computação moderna, como a Ethernet, uma interface gráfica do usuário, e o mouse (corre a lenda que Steve Jobs foi muito influenciado por uma viagem ao PARC no final da década de 70. Outrora laboratório de pesquisas da Xerox, em 2002, ele se tornou uma subsidiária da empresa, responsável por seus próprios demonstrativos financeiros. Após uma iniciativa fracassada de usar os *royalties* de licenciamento para financiar atividades de pesquisa, o PARC em 2006 se tornou um instituto de pesquisa sob contrato. Nas últimas décadas, seus cientistas conduziram pesquisas disruptivas em baterias, clareamento de água e numa série de outros campos. O rigor da ciência aplicada somente a seus laboratórios foi levado para todo processo de inovação. Como Lawrence Lee, diretor de estratégias do PARC, observou: "Pedimos a nossos pesquisadores para persistir nas pesquisas, validando incertezas técnicas o mais rápido possível. Pedimos à equipe de desenvolvimento de negócios para criar propostas de valor e para validá-las antecipadamente com os clientes, informando os objetivos técnicos e garantindo gerar valor se bem-sucedidas."

Este foco consciente na experimentação não ocorre apenas nos laboratórios, mas sim na visão integral do mercado. Ferramentas sofisticadas de gestão de portfólios ajudam o PARC a tomar as decisões corretas de alocação de recursos entre projeto, e as raízes científicas da organização indicam que a falha é entendida como uma parte necessária do processo de descoberta. Por exemplo, uma equipe do PARC estava explorando um método de separar a água limpa do esgoto. Ao explorar uma série de aplicações comerciais, a equipe aprendeu que encontrar um método para concentrar o "esgoto" efetivamente tinha um alto valor comercial. Eles receberam uma doação de $ 1 milhão

INOVAÇÃO DO PLANEJAMENTO À AÇÃO

da California Energy Comission para comercializar a tecnologia que ajudasse a gerar metano.

Outra empresa com forte cultura de experimentação é a W. L. Gore & Associates. Mais conhecida por seus materiais à prova d'água com o nome Gore-Tex, a empresa tem oito mil funcionários, conhecidos como "associados", e 45 unidades de manufatura, além de participar de mercados que fabricam desde itens aeroespaciais a aparelhos de ventilação. A empresa tem uma cultura descentralizada única, com equipes relativamente autônomas que se formam em torno de oportunidades específicas. A experimentação – tanto nos laboratórios como nos mercados – está no cerne de sua cultura. A Gore assegura que as equipes gerenciem apropriadamente o risco estratégico por meio da montagem de equipes com funções cruzadas. "Deixar a equipe decidir efetivamente qual é a grande incerteza é muito fascinante", disse o CEO Terry Kelly durante um encontro de lideranças na Innosight alguns anos atrás. "É preciso forçar que os responsáveis por marketing, produto e produção estejam juntos na reunião para que enfrentem isso. Gastamos muito tempo na formação da equipe correta e no seu empoderamento."

Pode parecer que as equipes autoformadas sejam uma receita para o caos, mas a Gore tem dois mecanismos que ajudam a assegurar que os corretos recursos fluam para as corretas oportunidades. Primeiro, um processo rigoroso de revisão entre os pares garante que as melhores ideias obtenham recursos terceirizados. Como observado por Kelly, " Há balancetes e controles eficientes". A empresa regularmente distribui uma premiação "certeira" a quem "inscreve" um projeto. Segundo, a empresa estabelece critérios financeiros claros determinando que unidades de negócios e linhas de produtos participarão. Atravesse o limiar, e você obterá capital de investimento. Caso contrário, seu projeto sairá da lista de prioridades, será encerrado ou protelado.

O fluxo livre e a ampla faixa de oportunidades dentro da Gore significam que fazer parte de um único projeto fracassado ou entender o

Sistemas de Suporte à Experimentação Estratégica

funcionamento de uma linha de produto encerrada não é nenhum fim de carreira, embora claramente seja bom evitar um número grande de fracassos comerciais!

A Gore reconhece que precisa abordar a alocação de recursos de uma maneira mais fluida, dado o ritmo rápido das mudanças em seus mercados. "Quando se faz uma previsão, ela já está errada no dia seguinte. Todos nós sabemos isso. Mas, de alguma forma, ainda nos convencemos de que ela será mais precisa no ano para o qual estamos orçando", diz Kelly. "Você tem de se aprofundar mais em seus sistemas para ir na direção oposta. Como em seu processo orçamentário. Seu processo de previsões. Seus sistemas de TI. Eles não deixam você fazer experimentos rápidos. É preciso investir muito mais tempo em atividades que não eliminem a criatividade, mas elas de fato eliminam, pois foram desenhadas em torno de um processamento de alta velocidade."

PARC, Gore, 3M e Google, além de mais empresas, têm colhido os benefícios de criar sistemas – combinando governança apropriada, corretas premiações, mecanismos para a descontinuidade antecipada e efetiva de projetos, e conexões internas e externas substanciais – que suportam a experimentação estruturada. A peça final do quebra-cabeças, a correta liderança, será o tópico do capítulo final deste livro.

Mensagens Importantes deste Capítulo:

1. Sistemas paralelos de governança de projetos podem atravessar a "neblina da inovação".
2. Como as inovações são imprevisíveis, os sistemas de premiação devem focar em comportamentos, não em resultados.
3. Mecanismos efetivos de descontinuidade de projetos podem finalizar os "projetos zumbis".

INOVAÇÃO DO PLANEJAMENTO À AÇÃO

4. Como as inovações ocorrem nas intersecções, as empresas devem estimular as conexões internas e externas.

CAPÍTULO 9

Liderando nos Primeiros Passos

Há setenta anos, o grande poeta francês Paul Valéry escreveu: "*L'avenir est comme le reste: il n'est plus ce qu'il* était", que em tradução livre seria: "O futuro não é como costumava ser". A frase jamais foi tão reveladora. Alguns dos dados estatísticos no início do livro destacavam como o mundo dos negócios atualmente é tão frágil. É seguro assumir que ao menos metade das 25 empresas mais admiradas do mundo enfrentarão algum tipo de dificuldade durante a próxima década. Estamos realmente na *era da descontinuidade*, em que o novo padrão é lidar com constantes mudanças.

Os líderes de uma geração a partir de agora terão passado suas vidas no trabalho nessa era. Os de duas gerações a partir de agora terão crescido nessa era. Eles desenvolverão naturalmente habilidades para lidar com mecanismos que os habilitarão a tratar alguns dos desafios de liderança apresentados por mudanças intermináveis.

Os líderes atuais, no entanto, enfrentam um desafio diferente. Muitos passaram uma porção significativa de suas carreiras em ambientes muito mais estáveis. Eles cuidadosamente selecionaram os corretos segmentos de mercado, trabalharam duro para desenvolver vantagem competitiva, e então – por meio de operações disciplinadas – extraíram algo dele durante anos. Eles tinham de se preocupar com os concor-

INOVAÇÃO DO PLANEJAMENTO À AÇÃO

rentes é certo, mas podiam ficar razoavelmente seguros que seus competidores num período de cinco anos seriam os mesmos de hoje, que eram essencialmente os mesmos de cinco anos atrás. Como McGrath convincentemente observou em *The End of Competitive Advantage*, estamos agora em uma era em que as empresas precisam aprender a explorar lacunas estreitas de vantagem competitiva temporária: "As estruturas e sistemas profundamente arraigados dos quais os executivos dependem para extrair o máximo valor de uma vantagem competitiva são pesos – ultrapassados e até perigosos – em um meio competitivo de rápida movimentação.

Os líderes de organizações de grande porte veem isso particularmente com mais dificuldade, pois seus meios de abordar esses desafios opõem-se ao que é requerido para gerir com sucesso as operações centrais de uma multinacional – ou seja, utilizam métodos multimodais e estimulam a experimentação nos passos iniciais e têm o foco em sistemas que erradicam toda a incerteza em sua atividade central; criam uma cultura orientada a desempenhos e reconhecem que, por vezes, você quer dar um abraço em alguém que acabou de fracassar; tomam decisões baseadas, às vezes, em suas experiências além de reconhecer que sua experiência é seu maior inimigo em outras ocasiões.

A era da descontinuidade está repleta de paradoxos, em que os gestores têm de ser capazes de abordar problemas a partir de várias perspectivas e rebelar-se até o desafio estabelecido pelo autor americano F. Scott Fitzgerald em seu artigo na *Esquire* de 1936: "O teste de uma inteligência excepcional é a aptidão de manter duas ideias opostas na mente ao mesmo tempo e ainda reter a capacidade de funcionar".

Assim, o que deve fazer um líder que procura desenvolver a habilidade de confrontar paradoxos? Considere três ações: buscar o caos, diversificar sua equipe de inovação e adquirir novas competências.

1. Busque o Caos

Como você consegue distinguir que está prestes a se tornar uma pessoa importante em uma organização? Um teste simples é se a sua faixa de controle está aumentando. Você supervisiona mais pessoas? Consegue impactar mais as receitas da organização? O tamanho importa. No entanto, os líderes no futuro, que necessitarão lidar com a ambiguidade, terão de reestruturar as oportunidades de crescimento pessoal. Em vez de procurar funções maiores, busque funções caracterizadas por níveis mais altos de ambiguidade. Considere mudar para um novo país, para ajudar a abrir uma filial da empresa. Haverá bônus se essa filial estiver em um mercado emergente. Trabalhe no lançamento de uma nova linha de produto ou serviço, mesmo se as projeções de vendas forem relativamente baixas. Os estudiosos Jeff Dyer e Hal Gregersen apontam que suas pesquisas dos comportamentos seguidos por inovadores bem-sucedidos mostram que se aceitam atribuições fora de seus países recebem um impulso estatístico em suas habilidades para inovar. Uma explicação causal é que, ao ser forçado a recriar rotinas e encontrar novos meios de operação ativa, o cérebro vê oportunidades ocultas e aprende com experimentos de tentativa e erro.

Em 2009, surgiu uma oportunidade interessante na Innosight. À época, eu era o presidente de nossa atividade central de consultoria, trabalhando com o nosso diretor de gestão e CEO na supervisão de uma equipe de cerca de 40 pessoas nos Estados Unidos. O ano de 2008 tinha sido turbulento para nós, mas 2009 começou positivamente e todos nós ficamos contentes com nossas oportunidades de crescimento. Alguns anos antes, o sócio da Innosight Brad Gambill tinha aberto uma nova filial em Cingapura. Ele transformou esse escritório em um posto avançado de experimentação de modelos de negócios. Primeiro, tentou desenvolver uma linha em que criaria negócios "sob encomenda" para organizações de grande porte. Em outras palavras, uma equipe da In-

INOVAÇÃO DO PLANEJAMENTO À AÇÃO

nosight faria todo o trabalho para conceber e criar o negócio e depois o venderia a uma empresa.[29] Ele, então, levantou um pequeno montante de capital de modo que pudesse incubar nosso próprio negócio. No início de 2009, fez um acordo com o governo de Cingapura com um novo arcabouço contratual, que fornecia uma linha muito eficiente de capital para fazer também investimentos iniciais em *startups*. Em abril daquele ano, no entanto, anunciou que tinha recebido uma proposta animadora para liderar o departamento de estratégias da LG Electronics e que planejava sair da Innosight. O que fazer? Após conversar com meus colegas e minha esposa, decidi mudar-me para Cingapura para acompanhar os projetos de incubação e investimentos de nosso negócio. Muito embora as receitas e o número de pessoas sob meu controle encolhessem significativamente, o elemento motivador, no meu caso, foi a chance de ter uma série de experiências completamente diferentes. Tive de tomar decisões estratégicas sobre linhas de negócios, negociar com financiadores, determinar uma estratégia geográfica, prospectar projetos de consultoria em um novo contexto, e explorar a vida como um capitalista de risco. Cometi uma porção de erros ao longo da trajetória, mas descobri que o rico conjunto de experiências de operar em um ambiente novo, incerto, forneceu uma série de diferentes processos operacionais que (ao menos penso) melhoraram minha capacidade de me tornar um líder.[30]

Não é preciso mudar para outro país para experimentar a vida no limite. Considere algo como assumir uma nova função na sua comuni-

---

[29] Este é um modelo muito difícil de se fazer funcionar, pois as habilidades referentes à gestão do cliente, ao desenvolvimento do plano de negócio e à consolidação do negócio empresarial são muito diferentes. Além disso, à uma equipe permanente de não especialistas geralmente faltam as habilidades requeridas para realmente resolver um problema específico do setor. Finalmente, às vezes uma empresa pode optar por terceirizar totalmente a criação de um empreendimento, este é um bom sinal de que ela realmente não está interessada nele. Todavia, foi um experimento interessante, e aprendemos muito com ele.

[30] Ao longo do tempo, enfatizamos as atividades de encubação, redobramos nosso investimento em capital de risco e formamos uma pequena equipe de consultores em Cingapura, que fornece consultoria para os braços regionais de multinacionais ou empresas nacionais.

dade. O objetivo é encontrar um lugar fora de sua zona de conforto e forçá-lo a confrontar ambiguidades mais regularmente. Graças a tentativas e erros, você aprenderá novas competências que o preparam para os desafios de liderança dos primeiros passos.

2. Diversifique sua Equipe de Inovação

Team of Rivals, de Doris Kearn Goodwin, é uma biografia envolvente do presidente americano Abraham Lincoln. O título do livro é uma alusão a como Lincoln – contra toda a ortodoxia – escolhia as pessoas para o seu gabinete, que, historicamente, tinham sido seus mais ferozes rivais. O objetivo dele era montar a melhor equipe e buscar o maior número possível de opiniões diferentes. As diversas perspectivas ajudaram o presidente a progredir em questões que historicamente pareciam impossíveis de serem superadas.

Similarmente, pense no valor de um *advogado do diabo*. Hoje em dia, o termo tem outra conotação, pois implica alguém tem que o poder da retórica e que sempre consegue encontrar algo obscuro no lado positivo das coisas. No entanto, o legado histórico do termo é um lembrete útil de como uma rede mais diversificada pode orientar os líderes através de tempos incertos. O termo remonta ao século XVI, quando o Papa Sixto V criou uma função em que um advogado expressamente argumentaria *contra* a canonização. A ideia básica era assegurar que o candidato elegível a santo atingisse o nível mais alto possível. O papel do advogado do diabo era questionar. A pessoa não necessariamente tinha de acreditar no argumento que estava apresentando. Mais que isso, ela tinha de mostrar uma perspectiva diferente só para assegurar que nenhuma área crítica tinha sido negligenciada. A função obviamente teve um grande impacto. Entre 1587 e sua abolição em 1983, ocorreram apenas cerca de uma centena de canonizações ou, aproximadamente, uma a

INOVAÇÃO DO PLANEJAMENTO À AÇÃO

cada quatro anos. Nas duas décadas seguintes à abolição da função, cerca de 25 candidatos foram canonizados... por ano!

O guru Roger Martin afirma que a chave para abordar o desafio de Fitzgerald é desenvolver o que ele denomina de *mente opositora*. Como ele observa, os líderes com essa habilidade podem "sem entrar em pânico, simplesmente aceitar uma resolução ou outra... elaborar uma síntese que é superior a qualquer ideia opositora. *Mentalidade integrativa* é meu termo para... essa disciplina de consideração e síntese – que é a marca de negócios excepcionais e de seus operadores".

Um modo de aprimorar essa habilidade é se cercar de pessoas que veem o mundo de diferentes perspectivas. Geralmente, somos inclinados a nos relacionar com pessoas parecidas conosco, que frequentaram as mesmas escolas que nós ou que têm a mesma profissão. Essas comunidades criam conexões que, de modo geral, confirmam ser poderosas. No entanto, os líderes que lidam com incertezas precisam possuir uma rede diversificada que forneça perspectivas únicas sobre questões críticas.

Apresento a seguir um teste simples. Escreva o nome das vinte pessoas mais próximas de sua rede profissional – pessoas que você considere seus colegas, mentores ou *coachs* próximos. Conte quantas delas:

- têm formações acadêmicas completamente diferentes;
- experimentou viver no limite, seja como um artista ou empreendedor;
- viveu um período significativo de tempo em outro país;
- trabalhou numa indústria diferente.

Se o número for baixo, descubra meios de diversificar sua equipe de inovação. Um modo simples de fazer isso é encontrar *aliados* em sua organização. O empreendedor na área de software Donna Auguste utilizou esse termo quando trabalhou numa empresa jornalística ajudando a formular novas estratégias de crescimento. Auguste diz que as pessoas à margem da atividade central geralmente podem ser as melhores fontes de ideias criativas. Elas não se ajustam muito bem à ordem estabelecida, e isso é exatamente o que você quer. Abrace seus aliados! Eles podem ser uma ótima fonte de insights não óbvios.

Outra técnica simples é simplesmente convidar a pessoa mais esquisita e iconoclasta que você conhece. Peça a essa pessoa que lhe apresente a pessoa mais esquisita e iconoclasta que ela conhece. Se esta for você, você pode ter uma breve vantagem. Senão, há uma alta probabilidade de que você criará uma outra intersecção em sua rede.[31]

3. Adquira novas Competências

Caligrafia. Zen. Design. LSD. Diga essas quatro palavras a *experts* de tecnologia, e aparecerá repentinamente em suas mentes a imagem do fundador da Apple, Steve Jobs. Os ecléticos interesses do lendário inovador acabaram sendo vitais componentes do crescimento espantoso que ele impulsionou à corporação. Por exemplo, aprender caligrafia durante sua breve passagem pelo Reed College não parecia ser uma competência útil. No entanto, quando Jobs estava determinando meios de tornar a linha de computadores Macintosh mais diferenciada, o curso de caligrafia levou-o a realizar múltiplos tipos de letras e fontes proporcionais. Esse foi apenas mais um componente para tornar um computador – historicamente uma área povoada por *hackers* e praticantes de *hobbies* – amigável e acessível a leigos.

O treinamento no próprio trabalho foca tradicionalmente em fornecer competências absolutas e flexíveis que melhoram o desempenho de um gestor no curto prazo ou, de certo modo, o potencial de liderança no longo prazo. Aprender uma nova competência, particularmente des-

---

[31] Este é um dos elementos de "The Innovator's Pledge", que conclui o *The Little Black Book of Innovation*.

INOVAÇÃO DO PLANEJAMENTO À AÇÃO

conectada da função rotineira de um líder, parecia ser, em épocas boas, um luxo, e em épocas ruins, uma perda de tempo e de dinheiro.

Embora desenvolver competências desconectadas provavelmente não resulte em retorno imediato do investimento, isso dá efetivamente aos líderes um outro enquadramento que pode melhorar a mentalidade integradora. O desenvolvimento dessas competências desconectadas fornece outros benefícios. Elas podem servir como um veículo para tornar as conexões de rede únicas. E, certamente, podem fornecer uma fonte muito positiva de energia para aliviar o trabalho rotineiro mesmo na mais empolgante das empresas. E, também, podem surgir lições imprevistas do esforço.

Por exemplo, um de meus colegas decidiu que iria aprender a tocar violão aos 36 anos. O único programa que conseguiu encontrar próximo de onde morava era destinado a alunos na faixa de 8 anos. Sem constrangimentos, matriculou-se no curso. Um benefício paralelo do treinamento foi se reconectar com a criatividade indomável e a alegria que brota de ver o mundo pelo olhar de uma criança. Isso também ajuda a nutrir a humildade necessária para ser honesto sobre o que realmente se sabe durante os estágios iniciais dos primeiros passos. Para a apresentação final do curso de violão, em que a maioria das crianças levou seus pais trintões, ou mais velhos, meu colega levou seu filho de 8 anos.

Buscar o caos, acolher aliados e aprender a tocar violão pode fazer alguns leitores se perguntarem se houve algum erro no plano inicial desta publicação, pois o livro de negócios repentinamente se transforma em livro de autoajuda da Nova Era. No entanto, novos desafios exigem novas abordagens. Seguir as diretrizes deste capítulo ajudará o leitor a aprofundar suas habilidades para enfrentar os desafios dos primeiros passos e, mais amplamente, para liderar empresas em um mundo em que a vantagem competitiva é cada vez mais uma noção efêmera.

Liderando nos Primeiros Passos

Mensagens Importantes deste Capítulo:

1. Liderar nos primeiros passos exige desenvolver a capacidade de lidar com problemas ambíguos, às vezes paradoxais.
2. Buscar o caos, diversificar redes e desenvolver competências desconectadas são meios que os líderes podem usar para melhorar suas habilidades de enfrentar esses desafios.
3. Seguir essas orientações tem benefícios mais amplos – os desafios dos primeiros passos guardam forte semelhança com os desafios gerais que os líderes enfrentam no mundo atual em constante mudança.

Reflexões Finais

Não há nenhuma dúvida de que inovar é algo difícil. Pode ser humilhante quando uma ideia, que gerou grande entusiasmo durante as etapas de planejamento, acaba desapontando no mercado. Seguir as orientações deste livro deve ajudar o leitor a abordar a inovação com mais confiança, entendendo o que pode fazer para gerir mais cientificamente seus riscos.

Apresento a seguir seis recomendações para terminar este livro:

- **Seja humilde.** Qualquer ideia será parcialmente correta e parcialmente errada. Nem mesmo Steve Jobs acertou em todas as suas inovações! A humildade ajuda a eliminar um dos grandes inimigos nos passos iniciais – a falsa confiança que deriva de aceitar uma premissa como um fato.

- **Seja meticuloso.** Examine uma ideia de vários ângulos. Documente sua ideia. Invista em pesquisas documentais. Não perca tempo aprendendo algo que o mundo já sabe.

- **Seja ativo.** Os dados históricos têm suas limitações. Aprenda no mercado, com o mercado e a partir dele.

- **Seja inovador.** Qual é o seu túnel de vento? Há muitos meios de baixo risco para testar uma ideia. Não se esqueça de pegar o

INOVAÇÃO DO PLANEJAMENTO À AÇÃO

telefone, executar seu próprio teste de escassez de camarão e de construir um protótipo MacGyver.

- **Seja flexível.** Mantenha um número baixo de compromissos fixos para facilitar correções de curso quando surgirem resultados inesperados.

- **Seja integrador.** A inovação prospera em intersecções, e perspectivas diversas podem ser pelo menos um modo de evitar as tendências cognitivas que de modo geral ofuscam as verdades nos primeiros passos.

E, acima de tudo, *seja ousado*. As ações corretas podem reduzir riscos, acelerar o progresso e fazer da inovação um sucesso sustentável. Boa sorte em seus esforços para dar os primeiros passos da inovação!

APÊNDICE A

Ferramenta de Avaliação da Innosight Ventures

Mais detalhes sobre os tópicos cobertos em qualquer uma dessas questões podem ser encontrados em outros livros como, por exemplo, *Inovação para o crescimento*.

Avaliação da ideia

Área	Ajuste fraco	Ajuste médio	Ajuste forte
Visa a uma tarefa importante para o cliente	Os clientes não se importam com a tarefa – não gastam tempo ou dinheiro tentando resolvê-la	A tarefa é um ponto negativo persistente	A tarefa é uma necessidade "vital" (ainda que os clientes não consigam articulá-la)
O cliente enfrenta uma barreira inibindo a habilidade de obter a tarefa pronta	Não há barreiras óbvias para obter a tarefa pronta com as ofertas atuais	Aqueles com recursos ou competências podem obter a tarefa pronta	Aqueles sem recursos nem competências podem obter a tarefa pronta
A ideia interrompe o *status quo* graças à simplicidade, confiabilidade ou acessibilidade	A ideia é uma "armadilha melhor" – mais rica em características do que as alternativas existentes	A ideia é uma versão mais barata das alternativas existentes, atingida via um modelo de negócio superior	A ideia é simples, conveniente e suficientemente barata para possibilitar a criação de novas(os) oportunidades/ mercados de utilização

INOVAÇÃO DO PLANEJAMENTO À AÇÃO

Avaliação da ideia (continuação)

Área	Ajuste fraco	Ajuste médio	Ajuste forte
O cliente-base pode ser descrito com precisão	Não há nenhum cliente-base identificado	O cliente-base pode ser "nomeado" e descrito em detalhes	Ocorreram as primeiras vendas
A estratégia de expansão envolve vários potenciais "desejos" do cliente-base	A estratégia de expansão é penetrar completamente no segmento do cliente-alvo	A estratégia de expansão envolve expandir até novos clientes ou contextos	A estratégia de expansão envolve expandir até "novas tarefas a fazer"
Uma "fatia atrativa do histórico de preços" é plausível	Tudo tem de sair perfeitamente para a oportunidade ser grande	Tudo deve sair bem para haver grandes oportunidades	A fatia do histórico de preços é óbvia, com várias trajetórias para o sucesso
O cenário competitivo tem oportunidades para a construção de uma vantagem competitiva	O mercado-alvo (é a tarefa) estão repletos de competidores ávidos, de grande porte	Os competidores considerariam que não é economicamente atrativo reagir	As atividades iniciais estariam sob o foco dos radares de concorrentes abastados
O modelo de negócio é bem pensado e viável	Não é possível articular o modelo de negócio	Hipóteses claras norteiam o modelo de negócio	Comprovação demonstrada antecipadamente de um modelo viável (pelo menos no nível da unidade)
As características do fluxo de caixa possibilitam que a rentabilidade inicial seja uma escolha	Exige um grande montante de investimento e tempo para escala	Escala tomará tempo, mas requer investimento de capital gerenciável	Escala pode acontecer muito rapidamente, fazendo da rentabilidade inicial uma escolha
Incerteza tecnológica relativamente baixa	O sucesso exige "milagres"	Há questões tecnológicas gerenciáveis	Sem risco tecnológico

Ferramenta de Avaliação da Innosight Ventures

Avaliação da equipe de gestão

Área	Fraco ajuste	Ajuste médio	Forte ajuste
Está implantado um plano para testar premissas-chave em condições parecidas às do mercado	As principais premissas não são documentadas	As premissas são identificadas, mas são difíceis de testar no curto prazo	Plano claro implantado para se aprender mais sobre as principais premissas nos próximos três meses
Comprometimento e energia para examinar o empreendimento	Falta de experiência no campo do empreendimento	Experiência relevante na indústria ou em outra *startup*	A experiência dos fundadores é uma vantagem estratégica
Massa crítica na equipe de gestão	A equipe existente não é suficiente para executar os três primeiros meses	A equipe pode suportar os seis primeiros meses mas há lacunas a serem preenchidas	A equipe pode lidar com todas as atividades críticas dos próximos seis meses
Plano claro de jogo	As principais etapas ainda precisam ser pensadas	Há um plano do projeto, mas como é normal para *startups*, ele é provavelmente otimista e/ou a equipe está preparada para algumas surpresas e escorregões	Alto nível de confiança de que a equipe pode atingir seus marcos

INOVAÇÃO DO PLANEJAMENTO À AÇÃO

Trajetória para os lucros

Área	Fraco ajuste	Ajuste médio	Forte ajuste
Vários canais possíveis para atingir os clientes-base	A habilidade de usar um canal existente ou vender diretamente não estão claros no início	É possível ver no início ao menos um canal receptivo ou a possibilidade de utilização de vendas diretas para atingir pelo menos uma fatia do mercado-alvo	Possíveis vendas diretas e/ou vários canais que lucrariam com as vendas do produto/serviço
Será possível obter retorno de qualidade dos clientes	O único caminho ao mercado é por meio de um canal indireto; o contato com os clientes é impossível	O contato direto com os clientes é possível	Facilidade de ter relacionamentos diretos com os clientes
Não dependente de cooperação com canais ou técnica de participantes da indústria	Um componente de uma solução multipartes; dependente da cooperação de participantes de outra indústria	Algumas dependências, mas o empreendimento tem várias opções	Venderá uma solução que não pode ser bloqueada por problemas de interoperacionalidade ou conflitos entre canais

APÊNDICE B

Tendências Cognitivas e os Primeiros Passos

Percorrer os primeiros passos da inovação envolve uma inclinação científica e uma mente curiosa. Até as pessoas mais inteligentes, no entanto, estão sujeitas a predisposições previsíveis que, segundo os cientistas argumentam, estão arraigadas em dezenas de milhares de anos de evolução. Os inovadores que dão os primeiros passos devem estar cientes das oito seguintes tendências:

1. Falácia do planejamento: Os participantes internos tendem a realizar um trabalho de baixa qualidade ao estimar o prazo e o custo de um projeto. As corporações acostumadas com a precisão ficam muito frustradas quando um inovador está aquém do programado e acima do orçamento.

2. Tendência da confirmação: Em um famoso experimento nos anos 1950, um cientista mostrou a um grupo de alunos de Princeton e de Dartmouth a sequência completa de um controverso jogo entre as duas equipes. Não surpreendentemente, os dois grupos viram o jogo de uma forma muito diferente. Os alunos de Princeton assumiram que a equipe de Dartmouth cometeu mais faltas; os de Dartmouth assumiram o contrá-

INOVAÇÃO DO PLANEJAMENTO À AÇÃO

rio.[32] Temos uma predisposição de tentar encontrar evidências que se enquadram a nossas noções preconcebidas e ignorar as que não se enquadram. Esse viés é muito perigoso, pois ele pode levar você a negligenciar sinais que, em retrospecto, sugeriam uma correção de curso importante para atingir o sucesso.

3. **O erro fundamental da atribuição:** Quando algo dá certo, nossa tendência é dar crédito extra ao nosso próprio brilho e competência quando as coisas dão erradas, tendemos a culpar as coisas que fogem de nosso controle. Como diz o velho ditado: "O sucesso tem muitos pais; o fracasso é órfão". Avaliações honestas ajudam-nos a tomar decisões mais bem informadas sobre um negócio.

4. **A heurística do afeto:** Quando acreditamos que algo é bom, tendemos a realçar todos os seus pontos bons, e ignorar ou minimizar todos os seus pontos ruins. Essa heurística – a prima-irmã da tendência da confirmação – geralmente leva as pessoas que trabalham em uma ideia a apresentar explicações prolixas para a razão de dados negativos não serem realmente tão negativos.

5. **O efeito da aura:** Edward Thorndike cunhou o termo *efeito da aura* como um meio de capturar o fato de que pessoas atraentes, agradáveis ou boas em uma competência específica têm uma aura que lhes é atribuída que faz os colaboradores pensarem que são boas em tudo (o livro homônimo de 2007 de Phil Rosenzweig mostra como o conceito bloqueia a utilidade de muitos livros de negócios). O efeito da aura dificulta a capacidade de se formar boas equipes para os primeiros passos, pois superestimamos o grau com que nossos "melhores" profissionais obtêm sucesso em novas circunstâncias.

---

[32] Os espectadores de Dartmouth estavam corretos, é certo – ao menos de acordo com este ex-aluno da instituição.

Tendências Cognitivas e os Primeiros Passos

6. **Tendência da disponibilidade:** Formulamos histórias com base nos dados disponíveis, mesmo se essa história não for correta. O perigo nasce quando tiramos conclusões de amostras muito pequenas. Por exemplo, você pode ir a uma reunião e observar que todas as pessoas colocaram um iPhone sobre a mesa. Isso deve indicar que a Apple detém o mercado global de telefonia móvel. Embora a Apple efetivamente detenha (na época da escrita deste livro) uma posição competitiva muito forte, globalmente, dispositivos Android superam os aparelhos Apple e, em muitos países emergentes, aparelhos manufaturados pela Nokia (que vendeu sua linha de telefones móveis para a Microsoft em 2013) mantêm uma forte posição competitiva.

7. **Tendência da ancoragem:** Damos muito peso aos dados iniciais. Essa tendência tem um efeito particularmente pernicioso em empresas de grande porte. Com frequência, o único meio de obter a aprovação de uma nova ideia é projetar números excessivamente inflacionados. Mas, dada a falácia do planejamento, esses números normalmente demoram muito mais tempo para se materializar do que o projetado. Quando os resultados iniciais são baixos, os executivos que se ancoravam em números altos podem ficar desapontados e cancelar subitamente o projeto.

8. **Negligenciar desastres:** Quando simulamos cenários, não consideramos eventos "cisne negro" reais. Assim, imaginamos que um cenário negativo significa a diminuição de 10 a 20% no faturamento, quando há cenários muito piores do que esse. Essa tendência pode levar os inovadores a negligenciar alguns dos piores riscos em seus negócios, o que o ex-Secretário de Defesa americano Donald Rumsfeld denominou "desconhecidos não conhecidos".

Notas

PREFÁCIO

Razor Rave experiment: Scott D. Anthony, *The Little Black Book of Innovation: How It Works, How to Do It* (Boston: Harvard Business Review Press, 2012), 184-187.

CAPÍTULO 1

Birth of Twitter: "How Twitter Was Born", htttp://www.140characters.com/2009/01/30/how-twitter-was-born/.

New product launch success rate: Scott D. Anthony, "The Planning Fallacy and the Innovator's Dilemma, rede de blogs HBR, 1º de agosto de 2012, http://blogs.hbr.org/Anthony/2012/08/the_planning_fallacy_and_the_i.html.

Percent of venture-backed start-ups that fail to return capital to investors: Debora Gage, "The Venture Capital Secret: 3 Out of 4 Start-Ups Fail", *Wall Street Journal*, 19 de setembro de 2012, http://online.wsj.com/article/SB10000872396390443720204578004980476429190.html.

Percent of venture-backed software companies that achieve $1 billion valuations: Aileen Lee, "Welcome to the Unicorn Club: Learning from Billion-Dollar Startups", TechCrunch, 2 de novembro de 2013, http://techcrunch.com/2013/11/02/welcome-to-the-unicorn-club/.

Notas

Half-life of new companies: Scott Shane, *Illusions of Entrepreneurship: The Costly Myths That Entrepreneurs, Investors and Policy Makers Live By* (New Haven, CT: Yale University Press, 2008), Figura 6-2.

Thomas Edison's approach to developing the lightbulb: Mark W. Johnson e Josh Suskewicz, "How to Jump-Start the Clean Tech Economy", Harvard Business Review, novembro de 2009, 52-60.

Chris Kimball background: Alex Halberstadt, *"Cooking Isn't Creative, and It Isn't Easy"*, *New York Times Magazine*, 11 de outubro de 2012, http://www.nytimes.com/2012/10/2014/magazine/cooks-illustrateds--christhopher-kimball.html.

Statistical revolution in baseball: Alan Schwarz e Peter Gammons, *The Numbers Game: Baseball's Lifelong Fascination with Statistics* (Nova York: Thomas Dunne Books, 2003); Scott D. Anthony, "Major League Innovation", *Harvard Business Review*, outubro de 2009, 51-54.

Seminal article on strategic uncertainty: Henry Mintzberg e James Waters, "Of Strategies, Deliberate and Emergent", *Strategic Management Journal* 6 (1985): 257.

McGrath e MacMillan book: Rita Gunther McGrath e Ian C. McMillan, *Discovery-Driven Growth: A Breakthrough Process to Reduce Risk and Seize Opportunity* (Boston: Harvard Business Press, 2009).

Steve Blank on the difference between search and scale: Steven Gary Blank e Bob Dorf, *The Start-up Owner's Manual: The Step-by-Step Guide for Building a Great Company* (Pescadero, CA: K&S Ranch, 2012).

Outras leituras úteis: Eric Ries, *A Starup Enxuta*. São Paulo: Leya. Peter Sims, *Little Bets: How Breakthrough Ideas Emerge from Small Discoveries* (Nova York: Free Press, 2011).

Livros pertinentes da Innosight: Scott D. Anthony e David S. Duncan, *Building a Growth Factory* (Boston: Harvard Business Review Press,

INOVAÇÃO DO PLANEJAMENTO À AÇÃO

2012); Scott D. Anthony, Mark W. Jonhson, Joseph V. Sinfield e Elizabeth J. Altman, *Inovação para o Crescimento*. São Paulo: M.Books, 2011.

CAPÍTULO 2

"Jobs to be done" concept: Clayton M. Christensen e Michael E. Raynor, *The Innovator's Solution: Creating and Sustaining Successful Growth* (Boston: Harvard Business School Press, 2003), capítulo 4; ou Scott D. Anthony, *The Little Black Book of Innovation: How It Works, How to Do It* (Boston: Harvard Business Review Press, 2012), "Day 3" of Innovation Training.

CAPÍTULO 3

Academic research on backing a team versus backing an idea. Steven N. Kaplan, Berk A. Sensoy e Per Stromberg, "Should Investors Bet on the Jockey or on the Horse? Evidence from the Evolution of Firms from Early Business Plans to Public Companies", *Journal of Finance* 64, nº 1 (fevereiro de 2009): 75-115.

Role of finance in innovation: Scott D. Anthony, "Innovation 3.0: How Finance Executives Can Help Spark an American Innovation Renaissance", *Financial Executive*, maio de 2012, http://www.financial executives.org/KentikoCMS/Financial-Executive-Magazine/2012_05/Innovation-3-0-%E2%80%93-Sparking-an-American-Renaissance.aspx#axzz2gRmoSFOe.

Business model innovation: Mark W. Jonhson, *Seizing the White Space: Businesss Model Innovation for Growth and Renewal* (Boston: Harvard Business Press, 2010).
"All models are wrong, but some models are useful": Georgfe E. P. Box e Norman R. Draper, *Empirical Model-Building and Response Surfaces* (Nova York: Wiley, 1987), 424.

Notas

"For every one of our failures we had spreadsheets that looked awesome": Scott Cook, citado em Jena McGregor, "How Failure Breeds Success", *Business Week*, 10 de julho, 2006.

4P model: Scott D. Anthony, "The 4 P's of Innovation", rede de blogs HBR, 10 de junho de 2010, http://blogs.hbr.org/anthony/2010/06/the_4ps_of_innovation.htm.

CAPÍTULO 4

Net Promoter Score: Frederick F. Reicheld, "The One Number You Need to Grow", *Harvard Business Review*, dezembro de 2003, 46-54.

Definition of deal killer and path dependency: Clark G. Gilbert e Matthew J. Eyring, "Beating the Odds When Your Launch a New Venture", *Harvard Business Review*, maio de 2010, 92-98.

CAPÍTULO 5

US nuclear submarine program: Steven J. Spear, *The High-Velocity Edge: How Market Leaders Leverage Operational Excellence to Beat the Competition* (Nova York: McGraw-Hill, 2009); o livro foi originalmente publicado em 2008 com o nome *Chasing the Rabbit*.

Value of learning in market: Scott D. Anthony, "Should You Back That Innovation Proposal?" rede de blogs HBR, 25 de setembro de 2013, http://blogs.hbr.org/2013/09/should-you-back-that-innovation-proposal/.

Richard Wiseman's research on luck: Peter Sims, *Little Bets: How Breakthrough Ideas Emerge from Small Discoveries* (Nova York : Free Press, 2011); Scott D. Anthony, "The Dangers of Delegating Discovery", rede de blogs HBR, 23 de setembro de 2011, http://blogs.hbr.org/anthony/2011/09/the_dangers_of_delegating_disc.html.

INOVAÇÃO DO PLANEJAMENTO À AÇÃO

CAPÍTULO 6

Wilbur Wright's reflection on the wind tunnel: "The Wind Tunnel", http:www.countdowntokittyhawk.com/flyer/1903/wind_tunnel.html.

McDonald's "shrimp stress test": Janet Adamy, "For McDonald's, It's a Wrap", Wall Street Journal, 30 de janeiro de 2007, http://online.wsj.com/article/SB117012746116291919.html.

Dow Corning Xiameter case study: Mark W. Johnson, *Seizing the White Space: Business Model Innovation for Growth and Renewal* (Boston: Harvard Business Press, 2010), 59.

Apollo 13 rapid prototypes: http://en.wikipedia.org/wiki/Apollo_13; veja http://youtube.com/watch?v= Zm5nUEG5Bjo e http://www.youtube.com/watch?v= C2YZNTL596Q.

Tests I suggested to Michelle: Scott D. Anthony, "Nine Ways to Test an Entrepreneurial Idea", rede de blogs HBR, 11 de março de 2011. http://blogs.hbr.org/anthony/2011/03/60_minutes_to_a_more_innovativ.html.

Netflix history: Reed Hastings, as told do Amy Zipkin, "Out of Africa, Onto the Web, "*New York Times*, 17 de dezembro de 2006, http://www.nytimes.com/2006/12/17/jobs/17boss.html;Clark G. Gilbert e Matthew J. Eyring, "Beating the Odds When You Launch a New Venture", Harvard Business Review, maio de 2010, 92-98.

"Healthy Heart for All" story: Scott D. Anthony, "The New Corporate Garage", *Harvard Business Review*, setembro de 2012, 44-53; e http://www.innosight.com/impact-stories/Medtronic-Healthy-Heart-for-All-Innovation-Case-Study.cfm.

CAPÍTULO 7

Statistics on traffic fatalities caused by people shifting from flying to driving: James Ball, "September 11's Indirect Toll: Road Deaths Linked to Fearful Flyers, "*The Guardian*, 5 de setembro de 2011.

ChoiceMed story: Clark G. Gilbert e Matthew J. Eyring, "Beating the Odds When You Launch a New Venture", *Harvard Business Review*, maio de 2010, 92-98.

Definition of planning fallacy: Daniel Kahnemann e Amos Tversky, "Intuitive Prediction: Biases and Corrective Procedures", *TIMS Studies in Management Science* 12 (1979): 313-327; Daniel Kahnemann,3 *Thinking, Fast and Slow* (Nova York: Farrar, Strauss e Giroux, 2011). Scott D. Anthony, "The Plannning Fallacy and the Innovator's Dilemma", rede de blogs HBR, 1º de agosto de 2012, http://blogs.hbr.org/anthony/2012/08/the_planning_fallacy_and_the_i.html.

Clayton Christensen's research on education: Clayton M. Christensen, Curtis W. Johnson e Michael B. Horn, *Disrupting Class: How Disruptive Innovation Will Change the Way the World Learns* (Nova York: McGraw-Hill, 2008).

Schools of experience concept: Morgan McCall, High Flyers: *Developing the Next Generation of Leaders* (Boston: Harvard Business School Press, 1998).

Difference between discovery and delivery skills: Jeffrey Dyer, Hal Gregersen e Clayton M. Christensen, *The Innovator's DNA: Mastering the Five Skills of Disruptive Innovators* (Boston: Harvard Business Review Press, 2011).

Dangers of premature scaling: Nathan Furr, "≠1 Cause of Startup Death? Premature Scaling", *Forbes.com*, 2 de setembro de 2011, http://www.forbes.com/sites/nathanfurr/2011/09/02/1-cause-of-startup-death-premature-scaling/.

CAPÍTULO 8

The fog of innovation: Scott D. Anthony, "Seeing Through the Fog of Innovation", rede de blogs HBR, 25 de fevereiro de 2013, http://blogs.hbr.org/anthony/2013/02/seeing_through_the_fog_of_inno.html.

INOVAÇÃO DO PLANEJAMENTO À AÇÃO

Impact of grant review systems on researchers: Pierre Azoulay, Joshua S. Grafff Zivin e Gustavo Manso, "Incentives and Creativity: Evidence from the Academic Life Sciences", *RAND Journal of Economics* 42, n.3 (2011): 527-554.

Tips for how to balance mistake minimizing and experimenting encouraging approaches: Clark Gilbert, Matthew Eyring e Richard N. Foster, "Two Routes to Resillience", *Harvard Business Review*, dezembro de 2012, 66-73; John Kotter, "Accelerate!" *Harvard Business Review*, novembro de 2012, 44-58; Michael L. Tushman e Charles A. O'Reilly III, "The Ambidextrous Organization", *Harvard Business Review*, abril de 2004, 74-81.

Differentiating between luck and skill: Michael J. Mauboussin, *The Success Equation: Untangling Luck and Skill in Business, Sports, and Investing* (Boston: Harvard Business Review Press, 2012).

Blackjack example: Scott D. Anthony, *The Little Black Book of Innovation: How It Works, How to Do It* (Boston: Harvard Business Review Press, 2012), 230-235.

Asymmetric rewards: Gerard J. Tellis, *Unrelenting Innovation: How to Build a Culture for Marked Dominance* (São Francisco: John Wiley & Sons, 2013).

How failed projects lead to future success: M. A. Maidique e B. J. Zirger, "New Product Learning Cycle", *Research Policy* 14 (dezembro de 1985): 299-313.

Research on productivity losses from splitting resources across projects: Steven C. Wheelwright e Kim B. Clark, *Revolutionizing Product Development: Quantum Leaps in Speed, Efficiency and Quality* (Nova York: Free Press, 1992).

Rita McGrath's tips on project disengagement: Rita Gunther McGrath, "Failing by Design", *Harvard Business Review*, abril de 2011, 76-83.

Notas

A. G. Lafley on failure : Scott D. Anthony, "Game-Changing at Procter & Gamble", *Strategy & Innovation* 6, nº 4 (julho- agosto de 2008), www.innosight.com/documents/protected/SI/julho-agosto de 2008StrategyandInnovation.pdf; A. G. Lafley, entrevistado por Karen Dillon, "I Think of My Failures as a Gift", *Harvard Business Review*, abril de 2011, 86-89.

Breakthroughts at the intersection: John Jewkes, Davi Sawers e Richard Stillermann, *The Sources of Invention* (Nova York: St. Martin's Press, 1959; Frans Johansson, *The Medici Effect: What Elephants and Epidemics Can Teach Us About Innovation* (Boston: Harvard Business School Press, 2006); Steven Johnson, Where Good Ideas Come From: (Nova York: Riverhead Books, 2010); e Thomas Kun, *The Structure of Scientific Revolutions* (Chicago: University of Chicago Press, 1962).

Mechanisms to learn from customers: Scott D. Anthony e David S. Duncan, *Building a Growth Factory* (Boston: Harvard Business Review Press, 2012) sections on "Little Bets Labs" and "Idea Supply Chain".

Overview of PARC's innovations programs: Lawrence Lee, "Innovation as a Business: How to Create a Repeatable and Sustainable Innovation Engine", submission by PARC to McKinsey/*Harvard Business Review* innovation contest, 7 de janeiro de 2013, http://www.mixprize.org/story/innovation-as-business.

CAPÍTULO 9

Rita McGrath's research on temporary competitive advantage: Rita Gunther McGrath, *The End of Competitive Advantage: How to Keep Your Strategy Moving as Fast as Your Business* (Boston: Harvard Business Review Press, 2013).

Other research on the increasing pace of change in today's world: Roger L. Martin, *The Opposable Mind: How Sucessful Leaders Win through Inte-*

INOVAÇÃO DO PLANEJAMENTO À AÇÃO

grative Thinking (Boston: Harvard Business School Press, 2007); Robert Kegan, *In Over Our Heads* (Cambridge, MA: Harvard University Press, 1994); Bob Johansen, *Leaders Make the Future* (São Francisco: Berrett--Koheler Publishers, 2009).

"*The test of a first-rate intelligence...*" F. Scott Fitzgerald, "The Crack-Up", Esquire Magazine, fevereiro de 1936, http://www.esquire.com/features/the-crack-up.

Research on the benefit of expatriate assignments: Jeffrey Dyer, Hal Gregersen e Clayton M. Christensen, *The Innovator's DNA: Mastering the Five Skills of Disruptive Innovators* (Boston: Harvard Business Review Press, 2011). *DNA do Inovador: Dominando as 5 Habilidades dos Inovadores de Ruptura*. São Paulo: HSM.

Quote on integrative thinking: Martin, *The Opposable Mind*.

Referências

Adner, Ron. *The Wide Lens: A New Strategy for Innovation*. Nova York: Penguin Group, 2012.

Anthony, Scott D. *The Little Black Book of Innovation: How It Works, How to Do It*. Boston: Harvard Business Review Press, 2012.

Anthony, Scott D. e David S. Duncan. *Building a Growth Factory*. Boston: Harvard Business Review Press, 2012.

Anthony, Scott D., Mark W. Johnson, Joseph V. Sinfield e Elizabeth J. Altman. *Inovação para o Crescimento*. São Paulo: M.Books, 2011.

Ariely, Dan. *Predictably Irrational: The Hidden Forces That Shape Our Decisions*. Nova York: Harper, 2008.

Azoulay, Pierre, Joshua S. Graff Zivin e Gustavo Manso. "Incentives and Creativity: Evidence from the Academic Life Sciences". *RAND Journal of Economics* 42, nº 3 (2011): 527-554.

Blank, Steven Gary. *Four Steps to the Epiphany*. San Mateo, CA: Cafepress.com, 2005.

Blank, Steven Gary e Bob Dorf: *The Startup Owner's Manual: The Step-by-Step Guide for Building a Great Company*. Pescadero, CA: K&S Ranch, 2012.

Brown, Tim. Change by Design: *How Design Thinking Transforms Organizations and Inspires Innovation*. Nova York: Harper Collins, 2009.

Christensen, Clayton M. e Michael E. Raynor, *The Innovator's Solution: Creating and Sustaining Successful Growth*. Boston: Harvard Business Review Press, 2013.

Duarte, Nancy, *Resonate: Present Visual Stories That Transform Audiences.* Hoboken, NJ: John Wiley & Sons, Inc., 2010.

Duhigg, Charles. *O Poder do Hábito.* Rio de Janeiro: Objetiva, 2012.

Dyer, Jeffrey, Hal Gregersen e Clayton M. Christensen. *The Innovator's DNA: Mastering the Five Skills of Disruptive Innovators.* Boston: Harvard Business Review Press, 2011.

Fried, Jason e David Heinemeier Hansson. *Rework.* Nova York: Crown Business, 2010.

Gilbert, Clark G. e Matthewr J. Eyring. "Beating the Odds When You Launch a New Venture", *Harvard Business Review*, maio de 2010, 92-98.

Gilbert, Clark G., Matthew Eyring e Richard N. Foster. "Two Routes to Resilience". *Harvard Business Review*, dezembro de 2012, 66-73.

Johansson, Frans. *The Medici Effect: What Elephants and Epidemics Can Teach Us About Innovation.* Boston: *Harvard Business School Press,* 2006.

Johnson, Mark. W. *Seizing the White Space: Business Model Innovation for Growth and Renewal.* Boston: Harvard *Business Press,* 2010.

Heath, Chip e Dan Heath. *Switch: How to Change Things When Change Is Hard.* Nova York: Broadway Books, 2010.

Martin, Roger L. *The Opposable Mind: How Successful Leaders Win through Integrative Thinking.* Boston: Harvard Business School Press, 2007.

_____. *Design de Negócios: Porque o Desing Thinking se tornará a próxima vantagem competitiva.* Rio de Janeiro: Campus, 2010.

Mauboussin, Michael J. *The Success Equation: Untangling Luck and Skill in Business, Sports, and Investing.* Boston: Harvard Business Review Press, 2012.

McCall, Morgan. *High Flyers: Developing the Next Generation of Leaders.* Boston: Harvard Business School Press, 1998.

McGrath, Rita Gunther. *The End of Competitive Advantage: How to Keep Your Strategy Moving as Fast as Your Business.* Boston: Harvard Business Review Press, 2013.

Referências

McGrath, Rita Gunther e Ian C. MacMillan. "Discovery-Driven Planning", *Harvard Business Review*, julho-agosto de 1995, 44-54.

_____. *Discovery-Driven Growth: A Breakthrough Process to Reduce Risk and Seize Opportunity*. Boston: Harvard Business Press, 2009.

Mintzberger, Henry e James Water. "Of Strategies, Deliberate and Emergent", *Strategic Management Journal* 6 (1985): 257.

Mullins, John e Randy Komisar. *Getting to Plan B: Breaking through to a Better Business Model*. Boston: Harvard Business Press, 2009.

Reiccheld, Frederick F. "The One Measure You Need to Grow", *Harvard Business Review*, dezembro de 2003, 46-54.

Ries, Eric. *Startup Enxuta*. São Paulo: Leya, 2012.

Rozenzweig, Philip. *The Halo Effect... and the Eight Other Business Delusions That Deceive Managers*. Nova York: Free Press, 2007.

Silver, Nate. *O Sinal e o Ruído*. Rio de Janeiro: Intrínseca, 2013.

Sims, Peter. *Little Bets: How Breakthrough Ideas Emerge from Small Discoveries*. Nova York: Free Press, 2011.

Spear, Steven J. *The High-Velocity Edge: How Market Leaders Leverage Operational Excellence to Beat the Competition*. Nova York: McGraw-Hill, 2009.

Taleb, Nassim Nicholas. *Antifrágil: coisas que se beneficiam com o caos*. Rio de Janeiro: Best Business, 2013.

Ulmer, David. *The Innovator's Extinction*.www.changeyourdna.com, 2013.

Watts, Duncan. *Everything Is Obvious*: How Common Sense Fails Us*. Nova York: Random House, 2012.

Agradecimentos

Eu me considero uma pessoa com muita sorte. Uma das principais razões é que tive o privilégio de aprender com inúmeros profissionais inteligentes.

De 2007 a 2009, um pequeno grupo de pessoas na Innosight, sob a liderança de Brad Gambill, dedicaram suas vidas ao árduo trabalho de incubar novos negócios. Brad, Hari Nair, George Tattersfiel, Alasdair Trotter, Kuen Loon Ho, Dheeraj Batra, Elnor Rozenrot, Dan Gay e Vijay Raju em particular, me ensinaram uma porção imensurável de lições sobre o que são realmente os primeiros passos da inovação.

Em 2005, Matt Eyring começou a explorar a possibilidade de usar o IP da Innosight como a espinha dorsal de uma atividade de investimento. O bastão foi passado há alguns anos a Pete Bonee e Piyush Chaplot, que hoje comandam essas atividades. Matt, Pete e Piyush me mostraram como equilibrar uma análise cuidadosa e a inclinação para a tomada de ações para identificar oportunidades e formatar negócios de sucesso.

Criar um negócio é incrivelmente difícil, e os empreendedores que financiamos, mais notadamente Christoph Zrenner, Alvin Yap, Benjamin Duvall, Lux Anantharaman, Kal Takru, Jim Miller, Stephanie Chai e Arrif Ziaudeen, me mostraram quão eficiente pode ser a combinação entre competência, determinação e paixão.

Embora as inovações em empresas de grande porte de modo geral sejam criticadas, nossos clientes corporativos são efetivamente uma fon-

Agradecimentos

te de inspiração para mim. Devo agradecimentos especiais a Zia Zaman, da Sing Tel, Bruce Brown, da Procter & Gamble, e Keyne Monson e Dorothea Koh, da Baxter, que, individualmente e do seu próprio modo, me ajudaram a entender como fazer com que grandes corporações ficassem mais amigáveis à experimentação estratégica.

O aprendizado obtido no campo fortalece a estrutura acadêmica na qual nosso trabalho é baseado. Rita McGrath, Vijay Govindarajan e Clayton Christensen, em particular, têm sido fontes inestimáveis de sabedoria, bem como bons amigos ao longo da última década.

A equipe na Innosight me ensina algo novo todos os dias. Devo agradecimentos especiais a Mark Johnson. Mark e eu temos trabalhado juntos por mais de uma década, e ele tem sido infalível em seu apoio pelas várias trajetórias que optei por explorar e firme em seu compromisso de tornar a Innosight uma ótima organização.

Eu e meus colegas também temos uma dívida substancial com nossos amigos em Cingapura – Teo Ming Kian, Bernard Nee, Francis Yeoh, CC Hang, Hau Koh Foo, Koh Boon Hwee, Bernard Siew, Low Teck Seng, SC Tien e Tan Ka Huat – que, individualmente, forneceram suporte decisivo para nossas atividades regionais.

Os amigos de longa data Karl Ronn, Clark Gilbert, Lib Gibson, David Goulait e Michael Putz forneceram fontes intermináveis de inspiração e insight. Lib, em particular, fez comentários valiosos numa versão inicial, não muito boa, do manuscrito.

Eu, ainda, agradeço ao relacionamento de longa data que temos com a equipe da Harvard Business Review Press, mais particularmente, Tim Sullivan, Gardiner Morse, Andrea Ovans, Kevin Evers, Allison Peter, Julie Devoll, Sally Ashworth e Stephani Finks.

Finalmente, a razão mais importante por que me considero uma pessoa de muita sorte é que tenho uma família simplesmente maravilhosa. Meus pais, irmãos, cunhados e cunhadas, sobrinhos, sobrinhas, tias e tios são tesouros com seus jeitos pessoais. Infelizmente, estamos tão distantes, mas obrigado pelo amor e apoio constantes.

INOVAÇÃO DO PLANEJAMENTO À AÇÃO

Joanne, eu simplesmente não poderia fazer o que faço sem você. Você me faz ser uma melhor pessoa, e eu sou muito grato todos os dias pela série de eventos aleatórios que me levou a conhecê-la há mais de 15 anos. Charlie, Holly e Harry, as palavras não conseguem descrever o que sinto quando abro as portas após uma longa viagem e vejo vocês três correndo em minha direção com um sorriso iluminando seus rostos. Continuem crescendo, claro, mas jamais mudem.

SCOTT D. ANTHONY
Em um congresso em Cingapura, ao
qual ele deveria estar prestando mais atenção.
Novembro de 2013

Sobre o Autor

SCOTT D. ANTHONY é sócio-gerente da Innosight, uma empresa global de consultoria em gestão e de investimentos especializada em inovação. Do escritório da empresa em Cingapura, Anthony conduziu sua expansão no sudeste asiático e suas atividades globais de investimentos em capital de risco (Innosight Ventures). Ele trabalha com empresas líderes globais no desenvolvimento de estratégias e competências de inovação dirigidas a um crescimento sustentável, de longo prazo.

Os livros anteriores de Anthony são: *Seeing What's Next: Using the Theories of Innovation to Predict Industry Change; Inovação para o Crescimento; The Silver Lining; An Innovation Playbook for Uncertain Times; The Little Black Book of Innovation: How It Works, How to Do It; e Building a Growth Factory.* Ele escreveu artigos para uma série de publicações, incluindo *Wall Street Journal, Harvard Business Review, Bloomberg Business Week, Fast Company, Forbes, Sloan Management Review, Advertising Age, Marketing Management* e *Chief Executive.* É diretor da MediaCorp, uma empresa de mídia diversificada baseada em Cingapura, além de colunista regular da Harvard Business Online (hbr.org); seu twitter é @ScottDAnthony.

Antonny é formado em Economia, *summa cum laude*, pelo Dartmouth College e tem MBA com alta distinção pela Harvard Business School, onde ele era *Baker Scholar**. Mora em Cingapura com a esposa, Joanne, os filhos Charlie e Harry, e a filha Holly.

---

* *Baker Scholar* – aluno que segue um programa homônimo para desenvolver o potencial de liderança, voltado especificamente para a carreira em negócios. (N.T.)

Índice

15inno network, 177
a experiência de compra, 120-2
ActSocial, 42
Adner, Rod, 55
Align, 66, 128
Amazon.com, 35-6
America's Test Kitchen (programa televisivo), 24
  análise baseada em padrões
  análise financeira (veja modelagem financeira)
  avaliando a essência da ideia, 53
  avaliando a trajetória até os lucros, 55
  ferramenta de avaliação da Innosight Ventures, 197-200
  utilidade na aplicação da análise em estratégias de inovação, 53-4
análise da penetração, 40
análise detalhada de transações, 113-4
Análise econômica do plano. *Veja* modelagem financeira
Analysis for Financial Management (Higgins), 46
Anheuser-Bush InBev, 179
Auguste, Donna, 190
banco de dados Crunch Base, 110
Bardach, David, 124
Beane, Billy, 25
Beta620.nytimes.com, 179
Bezos, Jeff, 35-6, 87
Blank, Steven Gary, 27, 97, 146, 178
Bonee, Pete, 143, 145
Boston Consulting Group, The, 172
Box, George E. P., 57

Brown, Bruce, 168
Business Model Generation (Osterwalder e Pigneur), 40
Bzz Agent, 42
Calpino, Barry, 127
  capitalistas de risco (investidores de capital de risco)
  como uma fonte de informações, 83, 109-11, 178
  função para impor disciplina, 166-7
  histórico de sucesso de, 21-2
  preferência de composição de equipes, 54-5, 151
categoria "arrasadora" de incerteza, 80
categoria de incertezas dependentes da trajetória, 79-80
Chesbrough, Henry, 177
Christensen, Clayton, 146, 149
Citi Ideas, 179-80
Clark, Kim, 173
  clientes
  discutindo suas ideias com, 115-17
  estabelecendo uma conexão com, 155-8, 78-80
  nichos de mercado não povoados e, 142-3
  penetração no modelo dos 4 Ps, 59-60
  perguntas a fazer aos clientes-alvo, 37
  população-alvo no modelo dos 4 Ps, 59, 60
competências de descoberta, 152
Cook, Scott, 57-8
Cook's Illustrated (revista), 24
demonstrativo financeiro reverso, 62-3, 117

Índice

depósitos de patentes como uma fonte de informação, 109

Discovery-Driven Growth (McGrath e MacMillan), 26

Discovery-Driven Planning (McGrath e MacMillan), 26, 62

Disrupting Class (Horn e Johnson), 149

Dorf, Bob, 27

Dow Corning, 111

Duarte, Nancy, 48

Dun & Bradstreet Credibility Corp., 176

Duvall, Benjamin, 42

Dyer, Jeffrey, 152, 187

Edison Thomas Alva, 22-3

empreendedorismo, 93-94

encenação, 68-9

End of Competitive Advantage, The (McGrath), 186

Equipes

avaliando o potencial da equipe, 54-7

disponibilidade de ser flexível na Asia-Com, 101

diversificando sua equipe de inovação, 189-91

evitando lacunas de empatia na equipe, 148-50

evitando o "problema dos milhares de macacos", 150-1

onde buscar talentos, 153-5

perguntas específicas a fazer sobre, 39

sistemas de premiação que estimulam assumir riscos, 169-72

tamanho da equipe e considerações de foco, 86-8

era da descontinuidade nos negócios, 185, 186

espaço brando de ouro de tolo, 141, 142-3

espaços brancos em um mercado, 141, 141-3

experimento com o marca-passo, 129

experimento com o *pizza delivery truck*, 124-7

experimentos dirigidos, 123

experimentos integrados, 124

experimentos reflexivos, 110-1

experts externos, conexões com, 177-8

Eyring, Matt, 79, 142

falácia do planejamento

descrição, 143-7, 201

estratégias para evitar a, 145-6

fatos *versus* incertezas, 71-2

ferramenta de avaliação da Innosight Ventures, 197-200

Fitzgerald, Nancy, 124-5

fluxo proprietário de negócios, 145

Formulários (relatórios) 10-K, 105

Formulários (relatórios) S-1, 105

frequência de compras no modelo dos 4 Ps, 59-60

Fundo IDEAS, 28

Gambill, Brad, 11, 187

Gerson Lehrman Group, 113

Gilbert Clark, 79, 142

Goodwin, Doris Kearns, 189

Gregersen, Hal, 152, 187

grupos de interesse (interessados)

nichos de mercado não povoados e, 142-3

perguntas a fazer a interessados-chave, 37-8

erro de uma perspectiva reduzida, 47-8

encenação a partir de seus pontos de vista, 68-9

Guaranteach, 149-50, 155, 157

Hastings, Reed, 119

Higgins, Bob, 46

High Flyers (McCall), 152-3

High-Velocity Edge, The (Spear), 89-90

Hindustan Unilever, 178

Horn, Michael, 149

Howard Hughes Medical Institute (HHMI), 169

ideia do turismo médico, exploração da, 141, 142-3

Innosight Ventures

atividades correntes, 28

INOVAÇÃO DO PLANEJAMENTO À AÇÃO

evolução de estratégias, 146-8
ferramenta de avaliação, 197-200
Innosight
aplicação dos 4 Ps, 59-61
disposição para pivotar, 146-8
exemplo de busca do caos, 187-9
exemplo de piloto operacional, 129-30
exemplo de prototipagem, 121-2
ferramenta de avaliação para investimentos de capital de risco, 197-200
foco no negócio exemplo (veja o Village Laundry Service)
interesse nos primeiros passos, 28-30
método para abordar incertezas, 80-2
sobre a, 11-2
trabalho no tópico de inovações, 27-30
trajetória até o sucesso, 17-8
Innovator's Guide to Growth, The (Anthony, Johnson, Sinfield e Altman), 40, 73, 73
inovação
barreira à, em empresas, 169-70
definição de, 19
diversificação da equipe, 189-91
armadilhas ocultas em, 14
trabalho da Innosight sobre o tópico, 28-30
histórico de sucessos de lançamentos de produtos de consumo, 20
histórico de sucessos de *start-ups* financiadas por capital de risco, 21
abordagem típica de empresa para estimular, 18-20
lista de preparação, 133-4
características de uma inovação bem-sucedida, 36-7, 152-3
desafio fundamental da, para empresas, 163-4
abordagem estimuladora de experimentos para a, 167-9
programas abertos, 177-8
recomendações para negócios, 195-6
aplicando análises a estratégias de, 53-4

acelerando com a função financeira, 56-7
exemplo do fracasso de uma empresa para capitalizar em, 20-1
exemplo de praticidade de Edison, 22-3
história da Razor Rave, 12-4
primeiros passos da, 11-2, 14-5, 18, 21, 31
aplicação do método científico a, 23-6
abordando sistematicamente, 25-7
modelo de negócio de *start-ups versus* tradicional, 27-8
irmãos Wright, 103-4
Isharak, Omar, 129
James, Bill, 25
Jobs, Steve, 191
Johnson, Curtis, 149
Johnson, Mark, 111
Kahnemann, Daniel, 144
Kawasaki, Guy, 145
Kelly, Terri, 182
Khan Academy, 156
Kimball, Christopher, 24
Kit de Ferramentas dos Primeiros Passos, 134
Koh, Dorothea, 48-49
Kraft Foods, 124-127
Kuhn, Thomas, 151
Lafley, A. G., 175
Lean Startup, The (Ries), 27, 97
Lee, Lawrence, 181
Lewis, Michael, 25
Lindegaard, Stefan, 177
LinkedIn, 113
Little Bets (Sims), 27
Little Black Book of Innovation, The (Anthony), 68-9
Lowe, Bob, 124
MacMillan, Ian, 26, 62
manual experimental
a abordagem dos irmãos Wright, 103-4
experimentos mapeados para uma tabela de incertezas, 109
mensagens importantes, 130

Índice

quadro resumido, 106-8

manual, experimento. *Veja* manual experimental

Marinha e a tomada de decisões, 98-99, 167-8

marketing boca a boca, 45

Martin, Roger, 190

Mauboussin, Michael, 170

McCall, Morgan, 152

McDonald's, 110

McGrath, Rita Gunther, 26, 62, 174, 176, 186

mecanismos de descontinuidade de projetos, 172-6

Medtronic, 129

  método científico

  abordando a culinária como uma ciência, 24

  abordando o beisebol como uma ciência, 25-6

  definição de, 23

  estágio de testes do processo DAFT e, 85

metodologia de estímulo a experimentos para as inovações, 167-8

métrica da vaidade, 156

Mintzberg, Howard, 26

  modelagem financeira

  calculando os 4 Ps da ideia, 59-61

  cautela necessária na criação, 57-9

  construindo uma simulação, 63-6

  criando uma tabela de sensibilidade de pontos, 61-2

  elaborando um demonstrativo financeiro reverso, 62-4

  encenação, 68-9

  garantindo que as finanças do negócio darão certo, 157-60

  modos como a função financeira pode acelerar as inovações, 56-7

  nichos de mercado não povoados e, 142-3

  perguntas a fazer sobre novas ideias, 56

  perguntas a fazer sobre os aspectos econômicos do plano, 38

questões específicas a fazer sobre o financiamento, 39

modelo de experimentação HOPE, 91

modelo dos 4 Ps, 59-60, 112-3

Moneyball (Lewis), 25

Nair, Hari, 158

National Institutes of Health (NIH), 168-9

"neblina da inovação" na tomada de decisões, 165

Netflix, 118-9

New York Times Company, 179

nichos de mercado não povoados, 142-3

Nielsen Company, 20

Of Strategies, Deliberate and Emergent (Waters e Mintzberg), 26-7

One Number You Need to Grow, The (Reichheld), 76

Osterwalder, Alexander, 40

Palo Alto Research Center (PARC), 181-2

pensamento integrador, 190

perguntas operacionais a fazer, 39

pesquisa documental, 105, 109-11

Pigneur, Yves, 40

pilotos operacionais, 129

pivotagem nos negócios, 97, 146-8

  planos de negócio

  componentes, 43

  recomendações do tamanho, 40-2

  exemplo de uma start-up, 41-3, 43-5

  primeiros passos da inovação

  definição de inovação, 19

  história da Razor Rave, 12-4

  kit de ferramentas e lista de controle, 134

  lista de preparação, 133-4

  origem do termo, 21-3

  pontos-chave, 14, 18, 21, 31

  recomendações para negócios, 195-6

  sobre a, 11-2, 14

priorizando incertezas, 82

problema dos "milhares de macacos", 150-1

  processo DAFT

  componentes, 33

  panorama e lista de controle, 133-4

INOVAÇÃO DO PLANEJAMENTO À AÇÃO

Procter & Gamble (P&G)
abordagem de conexões com clientes, 178
abordagem estimuladora de experimentos, 167-8
especialistas externos, conexões com, 150-1
papel do líder em estimular comportamentos, 175
simulação financeira, uso de, 65
teste do modelo de negócio, 128-9
testes de transação, uso de, 122-3
programa aberto de inovações, 177-8
programa do submarino nuclear, 89-90
projetos zumbis, 172-6
prototipagem do modelo de negócio, 124-7
protótipo(s)
A Asiacom aprendendo com, 100-3
como um exemplo de, 48-9
exemplo da Innosight, 121
inspirado em MacGyver, 114-6
pele revestível da Dorothea Koh, 48-9
prototipagem de modelos de negócios, 124-7
Quora, 110
Razor Rave, 12-4
recursos de baixo custo para testes,93-94
Reichheld, Fred, 76
Resonate (Duarte), 48
revolução Sabermetrics, 25
Revolutionizing New Product Development (Wheelwright e Clark), 173
Ries, Eric, 27, 98, 146, 156
Rosenfeld, Irene, 126
SABR (Society for American Baseball Research), 25
Sagentia, 110
seekingalpha.com, 109
Seizing the White Space (Johnson), 111
Silver, Nate, 179
Sims, Peter, 27
simulação Monte Carlo, 65-6
simulações, financeiras, 64-5

Sistemas de premiação que incentivam assumir riscos, 170-3
sistemas de tomada de decisão, 164-9
Society for American Baseball Research (SABR), 25
sorte e sucesso, 96-97, 170-1
Spear, Steven, 89
Spigit, 179-81
Stevenson, Howard, 93-4
Stibel, Jeff, 176
Structure of Scientific Revolutions, The (Kuhn), 151
Successs Equation, The (Mauboussin), 170
sumário da ideia, 40
Surowiecki, James, 179
tabela de certezas dos primeiros passos, 74-6, 78-80, 109, 134
tabela de certezas, 75-6, 79-80, 109, 133
Tabela de sensibilidade de pontos, 61-2
Teams of Rivals (Goodwin), 189
TechCrunch, 110
tela do modelo de negócio, 40-1
Tellis, Gerard, 172
teste de transação, 122-3
Teste dirigido de viabilidade, 119
testes de utilização de base reduzida, 128-9
Thinking, Fast and Slow (Kahneman), 144
Trotter, Alasdair, 149
tunel de vento, 103
Tversky, Amos, 143
Twitter, 18
Versonic, 144-45
Village Laundry Service (VLS), 158-61
W. L. Gore & Associates, 182-3
Waters, James, 26
Wheelwright, Steve, 173
Wide Leans, The (Adner), 55
Wildfire, 41-5
Wisdom of Crowds, The (Surowiecki), 179
Wiseman, Richard, 96
Wix.com, 115
Xiameter, 111
Zrenner, Christoph, 42